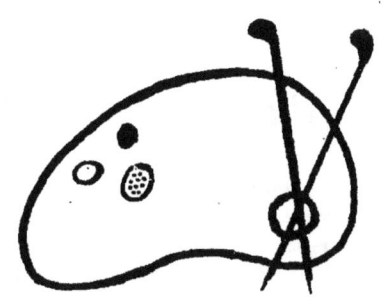

Illustrations en couleur

APS FÉODAL

ET

SES DEPENDANCES

Aps. — Ajoux. — Aubignas.
Mercoiras. — Palhières et Le Serret. — La Roche-d'Aps.
St-Andéol-de-Berg. — St-Maurice-d'Ibie.
St-Nazaire-de-Coiron. — St-Pons. — Sceautres. — Verfeuil.

PAR

L'ABBÉ FILLET

Curé d'Allex

Extrait de la *Revue du Vivarais illustrée*

Vivarais ancien

PRIVAS
IMPRIMERIE CENTRALE

1893

DU MÊME AUTEUR

Montbrison religieux, notice historique 1 50
Donzère religieux, notice historique. . . . . . . 2 »
État des diocèses de Die et de Valence en 1509, d'après un document inédit . . . . 2 »
Echevis religieux, notice historique 1 25
Notice historique sur les paroisses de Colonzelle et de Margerie . . . . 2 »
Dépendances de Montmajour dans les Hautes-Alpes . . . . 1 »
Histoire religieuse de Pont-en-Royans (Isère) 2 50
Notes sur quelques membres de la famille d'Auriac . » 25
Notice sur les reliques possédées par l'église de Grignan. » 50
Notice historique sur la paroisse de Ste-Eulalie-en-Royans. 1 25
Essai historique sur le Vercors (Drôme), 1888.

APS FÉODAL

ET

SES DÉPENDANCES

PAR

L'Abbé FILLET

Curé d'Allex

Vivarais ancien

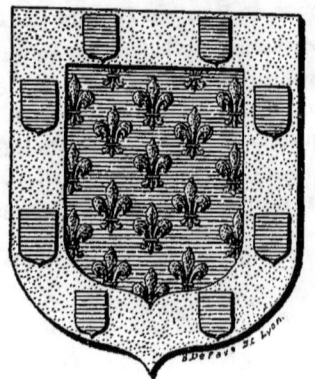

PRIVAS
IMPRIMERIE CENTRALE
—
1893

APS FÉODAL
ET SES DÉPENDANCES

Nous avons trouvé dans les protocoles des anciens notaires de Grignan (Drôme) un nombre considérable de documents relatifs à Aps en Vivarais et à ses barons. L'intérêt qu'ils offraient nous a engagé à les recueillir.

A ce premier recueil sont venus plus tard se joindre d'autres documents et notes puisés ailleurs et relatifs, eux aussi, à Aps et à ses barons, ainsi qu'aux anciens fiefs et seigneurs qui en ont dépendu.

Nous avons ainsi sur Aps et sa baronnie, plus tard érigée en comté, des renseignements que les hommes d'étude chercheraient sans doute inutilement ailleurs. Dès lors, nous avons cru faire œuvre utile et intéressante en en publiant la majeure part et en la meilleure forme possible. C'est là l'objet du présent travail.

Aps, ses seigneurs, ses grandes familles, son prieuré de Saint-Pierre, ses anciennes églises, y ont la grosse part. Mais les fiefs et les seigneurs d'Ajoux, d'Aubignas, de Mercoiras, de Pilhières et du Serret, de la Roche-d'Aps, de St-Andéol-de-Berg, de Saint-Maurice-d'Ibie, de Saint-Nazaire-de-Coiron, de Saint-Pons, de Sceautres, etc., y ont aussi d'assez nombreux éléments pour leur histoire.

Notre œuvre est, non exclusivement, mais avant tout, une œuvre d'histoire féodale. Le titre mis en tête sera donc justifié.

Mais quel ordre suivrons-nous, pour rendre ce travail régulier et aussi intelligible et agréable que possible pour le lecteur ? Si modeste qu'il soit, et malgré sa brièveté, nous avons eu quelque peine à fixer notre choix sur ce point.

Cependant, après examen, nous avons cru devoir adopter l'ordre que voici.

En tête, nous réunirons sur Aps, considéré à la fois comme fief et comme chef-lieu de baronnie, tous les renseignements utiles dont nous disposons.

Après cela, viendront, et selon l'ordre alphabétique, toutes les localités, tous les fiefs de quelque importance, qui ont relevé d'une manière plus ou moins certaine, et à une époque plus ou moins reculée, de la baronnie d'Aps.

Par suite, on ne s'étonnera pas de nous voir laisser en dehors de notre étude Rochemaure et d'autres fiefs situés en Vivarais et possédés par les seigneurs de Montélimar : ces fiefs, quoique possédés par des Adhémar qui avaient la haute seigneurie sur Aps et sa baronnie, ne nous paraissent pas avoir fait partie de cette dernière.

D'autre part, on comprendra que nous ayons réuni à Aps et aux fiefs y attenant, des fiefs plus éloignés, et même Verfeuil, lequel était dans l'ancien diocèse d'Uzès : tout cela a relevé des barons d'Aps et à cause ou à l'occasion de cette baronnie.

Donc, commençons par Aps.

APS

La tribu celtique des *Helvirs* ou *chasseurs* occupait cette partie de l'ancienne Gaule qui forme aujourd'hui le midi du département de l'Ardèche.

Leur chef-lieu politique était une ville située sur une éminence, à environ 16 kilomètres du Rhône et sur la rive droite de l'Escoutay, affluent de ce fleuve.

Quand les Helvirs eurent été soumis par les Romains, leur nom latinisé fut traduit par *Helvii*. En même temps, leur capitale, devenue *Alba*, adjoignait à son nom celui de la tribu, pour se distinguer des villes de même nom, et s'appelait *Alba Helviorum*.

Cette ville fut importante par son étendue et sa population. On peut en juger par les importantes substructions découvertes dans son sol, par les vestiges romains qui se retrouvent fréquemment dans la plaine voisine, et même par les bornes milliaires qu'a laissées la voie romaine allant d'*Alba Helviorum* à Valence, le long de la rive droite du Rhône.

Renversée en 406 par les Vandales, *Alba* ne périt cependant pas complètement (1). Elle apparaît dans la suite sous le nom d'*Alps*, *Alpes*, mot d'origine celtique signifiant *la hauteur* ou *les hauteurs*,

(1) *Congrès archéolog. de France*, t. XXI, pp. 339-41. — *Bullet. de la Société Archéolog. de la Drôme*, t. VI, pp. 272, 281; t. X, p. 419; t. XII, pp. 150-6; t. XV, pp. 58-9.

et sous lequel la tradition a certainement conservé plus ou moins intacte la forme primitive du nom de l'antique capitale des Helviens.

Alps, plus tard Aps, dut à sa position élevée et facile à fortifier, au milieu de la vallée de l'Escoutay, qu'elle commande, de devenir au moyen-âge le siège d'une seigneurie de quelque importance.

Cette seigneurie fut apparemment possédée aux xie et xiie siècles par les d'Aps, dont la famille était encore représentée en 1292 par « noble dame Gaudefride d'Aps ». On voit en effet cette dame et Giraud Adhémar faire reconnaître leurs terriers d'Aps et de Saint-Pons devant Clamouze, notaire, le 4 des calendes de janvier 1292.

Mais un mariage, ou quelque autre cause inconnue de nous, avait porté aux Deux-Chiens la seigneurie d'Aps, en partie du moins, avant le 27 mars 1240. En effet, ledit jour, Agnès de Rac donnait la douzième partie du fort de la Roche-d'Aps à Pons de Deux-Chiens, seigneur d'Aps, lequel est encore connu comme tel par des actes de 1245, 1247, 1249 et autres dates.

Bientôt après, nous trouvons les Adhémar en possession de la seigneurie d'Aps. En 1308, Giraud Adhémar, seigneur de Montélimar, était seigneur d'Aps, Saint-Pons, etc. En 1310, il léguait à autre Giraud, son fils et héritier universel, Monteil, Rochemaure, le Teil, Aps, la Roche-d'Aps, Saint-Andéol-de-Berg, Saint-Pons, etc.

Et cependant, il s'en faut que cette branche des Adhémar ait été seule maîtresse de cette seigneurie. On va voir que les Adhémar de Grignan eurent, probablement avant et certainement alors et plus tard, la même seigneurie, longtemps toutefois sous la mouvance de leurs parents de Montélimar.

En effet, pour revenir à Pons de Deux-Chiens, celui-ci, d'après une note sur un document du 2 janvier 1357 dont il sera question plus loin, accorda en 1290 aux habitants d'Aps des libertés et franchises indiquées dans ce document. Mais il est probable qu'elles furent accordées plus tôt ou par un autre; car déjà antérieurement au 4 juin 1287, Pons avait laissé son *héritage* à noble Blonde de Deux-Chiens, sa nièce, qui, aussi avant cette date, était mariée à Giraud Adhémar, seigneur de Grignan, devenu de ce chef seigneur d'Aps : de sorte que celui-ci est le premier auquel puisse se rapporter un sceau en plomb dont on connaît deux exemplaires identiques, sur lesquels M. Ludovic Vallentin a lu † *Giraudi Adæmarii de Montilio domini Grahinnani et de Alpibus*, et portant sur la face les armes des Adhémar de Grignan et sur le revers celles des Deux-Chiens.

Giraud Adhémar et Blonde, sa femme, sont connus par une foule d'actes relatifs à Aps et à divers fiefs et droits qu'ils avaient dans la région. Citons-en quelques-uns.

Le 4 juin 1287, Giraud Adhémar, en son nom et en celui de la dame Blonde son épouse, fait un traité avec un particulier à raison d'une rente de 56 sols. Le 1ᵉʳ décembre de la même année, Giraud, mari de la dame de Deux-Chiens, rachète de l'université de la cathédrale de Viviers la 8ᵉ partie du domaine et juridiction du fort et tènement de la Roche près d'Aps, que Pons de Deux-Chiens avait vendue à ladite université le 2 octobre 1260. Le 22 août 1291, l'abbé du monastère de Pibrac fait reconnaissance en fief et hommage à Giraud Adhémar et à noble dame Blonde de Deux-Chiens sa femme, dame du château d'Aps, pour des possessions désignées dans l'acte. En septembre 1291, Giraud Adhémar, seigneur de Grignan et d'Aps, mari de dame Blonde, nièce et héritière de noble Pons de Deux-Chiens, « et la dame de Gauffriac, dame d'Aps », reçoivent la reconnaissance en fief et l'hommage de Hugues de Montauros pour quelques rentes. En octobre 1296, Giraud et Blonde reçoivent la reconnaissance en fief et l'hommage du prieur de Saint-Pons; le 12 novembre 1298, ils reçoivent le déguerpissement, par le prieur de Saint-Pierre, d'une maison située au mandement d'Aps. Le 6 septembre 1302, Giraud décharge les habitants d'Aps de la contribution aux gages du bannier. Le 15 décembre de la même année, Giraud et Blonde font un traité avec un prieur, à raison des lods; en 1303, ils accordent des libertés et franchises aux habitants d'Aubignas. Le 8 juin 1308, par acte reçu Mᵉˢ Bernard de Grignan et Henri de Monteil, notaires, noble Giraud Adhémar de Monteil, seigneur de Grignan et d'Aps, Blonde sa femme, et Giraud Adhémar leur fils, font hommage en fief franc pour les châteaux d'Aps, Saint-Pons, la Roche près le château d'Aps, Saint-Andéol-de-Berg et Saint-Maurice-d'Ibie, leurs territoires, appartenances et dépendances, à Giraud Adhémar, seigneur de Montélimar, qui leur accorde en retour reconnaissance de divers droits. Cet hommage et cette reconnaissance nous expliquent un traité du 9 juin 1309 entre les seigneurs Giraud Adhémar de Monteil, seigneur de Grignan et d'Aps, dame Blonde sa femme, et Giraud leur fils, d'une part, et Giraud Adhémar, seigneur de Monteil, d'autre, au sujet du contingent des hommes que lesdits « seigneurs d'Aps » devaient « fournir audit seigneur de Monteil pour sa deffence et ses propres guerres envers et contre tous, excepté contre les seigneurs y dénommés ». Ce dernier acte fut reçu par Henri de Monteil, notaire apostolique et impérial. Signalons encore les reconnaissances et hommages en fief faits à « Blonde dame d'Aps, par divers seigneurs, en 1300; l'hommage et la reconnaissance en fief faits à Giraud et à Blonde, en 1311, par Pons de Burac, fils à feu Guillaume, damoiseau d'Aps, pour des maisons à Aps; l'hommage fait aux mêmes, en 1312, par le prieur de Saint-Pons, pour des propriétés à Saint-Pons; la vente par Giraud Adhémar, seigneur de Grignan et d'Aps, d'un moulin sur la rivière d'Escoutay, en 1314; les hommages en fief reçus, par Giraud et Blonde, de divers particuliers, le mardi après le 8 septembre 1317 ».

Jusqu'ici, on le voit, Blonde agissait ordinairement avec son mari dans les affaires d'Aps; mais après septembre 1317 elle disparaît complètement, et son mari n'intervient plus que dans les affaires de Grignan, tandis que le fief d'Aps commence à dépendre uniquement de Giraud leur fils. Cela se comprend ; car, le 13 juin 1297, au château de Grignan, Giraud Adhémar, seigneur de Grignan et d'Aps, en émancipant sondit fils, lui avait donné les châteaux de Grignan et de Montségur, et les fiefs des châteaux de Salles, Chantemerle, Chamaret, Colonzelle, Valaurie, Taulignan et Eysahut, tandis que Blonde, de son côté, donnait au nouvel émancipé tous ses droits, meubles et immeubles, et spécialement les châteaux d'Aps, Ajoux, Aubignas, Saint-Pons, la Roche-d'Aps et Saint-Andéol-de-Berg, au diocèse de Viviers, le château de Verfeuil, au diocèse d'Uzès, et tout ce qu'elle possédait dans lesdits châteaux et leurs mandements. Mais Blonde s'était réservé la jouissance de sesdits biens, et le père en avait certainement fait autant des siens. Ces actes demandaient naturellement que le fils intervînt dans les affaires d'Aps tant que vécut la mère, et dans les affaires de Grignan du vivant de son père, mais seulement dans celles qui intéressaient le fond et l'avenir des fiefs et biens, comme dans la reconnaissance citée du 8 juin 1308 et dans la transaction, aussi citée, du 14 juillet 1309.

Blonde étant sans doute morte dans les derniers mois de 1317 ou peu après, noble et puissant seigneur Giraud Adhémar, son fils, seigneur du château d'Aps, faisait renouveler, en décembre 1318, devant Chapus notaire, son terrier des château et mandement de la Roche. Depuis lors, une foule d'actes marquent la possession et la jouissance d'Aps et de ses dépendances par ce seigneur. Seulement pour février 1318 (ou plutôt 1319, selon notre système chronologique actuel), nous en trouvons huit. Le 24, Giraud reçoit : « l'hommage et reconnaissance en fief » de Ponce d'Aubignas, damoiseau d'Aps, pour tout ce que celui-ci « tient au château et mandement d'Aps »; semblable reconnaissance, de Giraud de Sinemur, notaire d'Aps; et semblable reconnaissance de Pierre Eyraud, pour ce qu'il possède aux châteaux d'Aps et de la Roche. L'avant-dernier dud. mois, « Giraud Adhémar, seigneur des château et baronie d'Aps, reçoit les hommages et reconnaissance en fief de Reymond Testut, de Viviers, pour tout ce qu'il a ou que d'autres tiennent de lui dans le château ou village » de Saint-Andéol-de-Berg, son territoire et mandement. Le lendemain, « dernier février, noble Giraud Adhémar, seigneur et baron du château d'Aps, reçoit l'hommage et reconnaissance en fief de noble Audigier de la Roche », pour ses possessions de Saint-Pons-sous-Coyron; de Guigues de la Baume; de Béatrix Eyraud, pour possessions dans le château d'Aps et la Roche-d'Aps; et de Jean de Clanchien. Puis, il reçoit encore, comme « baron d'Aps », le 10 mai 1319, la reconnaissance en fief de noble Pons de Mirabel et de Pierre son fils, et, le 4 juillet suivant, celle de noble Audigier de la Roche.

Observons ici, en passant, que dans les actes précédents relatifs à Aps, il n'était d'abord pas question de *baron* ni de *baronnie*. C'est seulement dans des titres des avant-dernier et dernier février 1319, et de dates postérieures, que l'on commence à trouver les mots de *seigneur et baron d'Aps*. Toutefois, la qualification est encore souvent omise dans les titres subséquents, surtout dans ceux où interviennent des personnages supérieurs, pouvant facilement en prendre ombrage. Ainsi, noble Giraud Adhémar de Monteil, fils d'autre Giraud Adhémar de Monteil, est simplement qualifié de seigneur de Grignan et d'Aps dans l'hommage qu'il fit, en juillet 1320, conformément à celui du 8 juillet 1308, à Giraud Adhémar, seigneur de Monteil, qui de son côté faisait hommage en 1324 au comte de Valentinois pour Aps, Saint-Pons, Saint-Andéol-de-Berg, etc. Nous sommes donc porté à voir dans cette nouvelle qualification du nouveau maître d'Aps un effet de ce « naturel ambitieux des Français, » qui, d'après Salvaing de Boissieu, « fit prendre à plusieurs seigneurs le titre de baron.

Quoi qu'il en soit, Giraud continue à figurer dans les actes relatifs à Aps. Le 8 juin 1326, il reçoit l'hommage des habitants d'Aps ; le 27 août 1330, il reçoit celui de noble Hugues de Fourchade, avec lequel il traite le 14 mai 1332. Le 17 mai 1333, il fait hommage à Giraud Adhémar, seigneur de Montélimar, et, le 25 août de la même année, comme *seigneur d'Aps et d'Aubignas*, il prête hommage à l'évêque de Viviers. En 1334, il reçoit, comme *baron d'Aps*, la reconnaissance d'un particulier pour des propriétés à Aps. Le 19 janvier 1339 (v. s.), il reçoit comme seigneur des baronnies de Grignan et d'Aps *(dominus baroniarum Graynhani et Alpium)*, la reconnaissance de terres au mandement d'Aubignas. Il est probablement encore le Giraud Adhémar qui, le 28 octobre 1341, reçoit comme seigneur d'Aps la reconnaissance en fief d'un particulier pour des censes ; mais c'est apparemment son fils, de même nom, qui, le 2 juin 1342, reçoit comme seigneur de Grignan et d'Aps l'hommage en fief du prieur de Saint-Pierre d'Aps (1),

---

(1) On trouve à Aps au xive siècle, outre l'église et le prieuré de Saint-Pierre d'autres églises et d'autres institutions religieuses, souvent mentionnées dans les testaments et autres actes de l'époque.
Ainsi, le 3 avril 1359, un acte de reconnaissance de dot fut fait « apud Alpes (Vivarien. dioc.), prope ecclesiam beati Andree, in putheo, testibus presentibus domino Johanne Sabaterii », (lequel était prêtre d'Aps en 1362 et « monacus Cluniacen., prior Sancti Martini de Alpibus », en 1380 et 1383), et d'autres personnes. (Minutes cit., reg. coté *Aps*, ff. 46-7 ; reg. coté *Semper*, ff. 16, 48-9 et 51).
Peu d'actes offrent, à cet égard, plus de détails intéressants que le testament de Guillaume d'Asteys, d'Aps, dont voici un extrait : « Anno Incarnationis ejusd. Domini millesimo tricentesimo quinquagesimo nono, videlicet die sexta mensis aprilis..... ego Guillelmus d'Asteys, habitator castri de Alpibus, Vivarien. dyoc... eligo sepulturam in cimiterio Sancti Petri de Alpibus, in sepultura parentum meorum..., (ici, il prescrit divers services à célébrer dans l'église Saint-Pierre d'Aps).... Item, lego Fratribus Predicatoribus Alben., decem soludos semel tantum. Item, lego Fratribus Minoribus Alben. alios decem soludos semel tantum. Item, lego quod fiat in conventu dictorum Fratrum Minorum dicti loci Alben. una pictantia semel tantum. Item, lego confratrie que fit in castro de Ruppe de Alpibus, in festo beati Johannis Babtiste, viginti soludos semel tantum. Item, lego

pour tout ce que ce prieur possède dans les châteaux d'Aps et de la Roche, leurs mandements et territoires. En tout cas, ce Giraud fils d'autre et de Blonde des Deux-Chiens, marié à *Dalmaze* d'Uzès, était décédé avant le 10 septembre 1342, date où frère Pons Reboul, gardien des Frères Mineurs de l'Ile, passait quittance à Giraud Azémar, seigneur de Grignan et d'Aps, de 15 livres tournois léguées à ces religieux par *feu Giraud Azémar d'illustre mémoire*. Il avait laissé ses biens à son fils, qualifié encore de seigneur de Grignan et d'Aps dans deux autres quittances, dont l'une faite le 22 septembre 1342 par le gardien des Mineurs de Montélimar pour 20 livres tournois léguées par le même défunt, et l'autre faite trois jours après, par Bertrande de Chamaret, prieure de Saint-André des Ramières, pour 20 livres tournois léguées encore par le seigneur défunt. Toutefois, ce dernier avait réservé l'administration et l'usufruit de ses biens d'Aps à sa veuve Dalmaze. Aussi voit-on « dame Dalmace d'Uzès, veuve de noble Giraud Adhémar, seigneur de Grignan et d'Aps », rendre hommage, le 12 juillet 1344, à l'évêque de Viviers pour les château et mandement d'Aubignas, ses forteresses, etc. On la trouve encore vendant en 1346 un moulin situé au mandement d'Aps, et faisant le 27 avril 1347 avec noble Pierre Eyraud d'Aps un échange de rentes, ratifié par Giraud Adhémar, seigneur de Grignan et d'Aps. Le dernier acte connu la concernant est une quittance du 8 novembre 1349

confratrie Corporis Xpisti que fit in castro de Alpibus, alios viginti soludos semel tantum. Item, lego op(er)is Ponti Sancti Spiritus quinque soludos tantum. Item, lego cuilibet luminarie ecclesiarum seu cappellarum mandamentorum de Alpibus et de Ruppe unam dimidiam cartam oley semel tantum. Item, lego luminaris Sancti Petri de Alpibus et beate Marie dicte ecclesie, cuilibet unam cartam oley semel tantum. Item, lego priori Sancti Petri de Alpibus quinque soludos semel tantum, et can(oni)co dicte ecclesie duos sol. et sex den. semel tantum. Item, lego caritati loci de Alpibus unum sestarium annone semel tantum. Item, lego operis ecclesie Sancti Petri de Alpibus quinque soludos semel tantum. Item, lego operis ecclesie Sancti Martini de Alpibus quinque soludos semel tantum. Item, lego operis ecclesie beate Marie Vallisclare quinque soludos semel tantum. Item, lego domino meo domino dicti loci viginti soludos semel tantum, et suo castellano dicti loci de Alpibus quinque soludos semel tantum. Item, lego Armandete, filie Johannis Flandini dicti loci, quinquaginta soludos semel tantum, quibus volo quod eidem persolvantur per heredem meum infrascriptum dum maritabitur per duos annos et per duas solutiones, et non ante. Item, lego... (Il fait héritier universel Pierre d'Asteys, son frère)... Acta fuerunt hec apud Alpes, in hospicio dicti testatoris uxoris nomine, testibus presentibus vocatis specialiter et rogatis venerabilibus viris religiosis dominis Jarentono de Ruppe salva, priore Sancti Petri dicti loci de Alpibus, Petro de Malovetulo, canonico Sancti Ruffi, Guillelmo Alhaudi, Vitale de Verneto, Johanne Reynaudi, Andree Chapusii, domino Johanne de Champeus presbitero, et me Fulcone Chabrerii, publico baroniarum Graynhani et Alpium notario...» (Minut. cit., reg. coté *Aps*. ff. 47 v°-50 v°).

donnée par *Dalmatie d'Uzès, dame d'Aps*, de tout ce qui lui est dû, réserve faite de sa dot et des legs de feu Giraud Adhémar son mari.

Quant au fils et héritier universel de ce dernier, il était marié avec Décane d'Uzès, très proche parente de Dalmaze, et antérieurement au 19 octobre 1328, puisqu'à cette date Giraud Adhémar, fils aîné du seigneur de Grignan, en son nom et comme légitime administrateur des biens de Giraudon son fils, passait quittance à Robert d'Uzès de 362 livres sur les dots de Dalmaze et de Décane, femmes la première de Giraud et la deuxième de *Giraudon*, et pour le paiement qui aurait dû être fait en septembre précédent, Il mourut en un âge peu avancé, après avoir fait, le 28 avril 1343, un testament par lequel il confiait la tutelle de ses enfants et l'administration de ses biens à Décane d'Uzès, son épouse.

Aussitôt après la mort de son mari, arrivée en mai 1344, Décane demanda, comme vassale, au seigneur de Montélimar et en obtint provisoirement, le 1ᵉʳ juin 1344, l'autorisation de gérer les biens de ses enfants mineurs. Ceux-ci étaient au nombre de cinq, savoir : Giraudet, Garcendette, Burgette, Dalmasette et Clémencette. En outre, Décane était enceinte d'un fils, qui fut nommé Jean.

Des lettres confirmatives de cette tutelle furent signées le 5 juin 1344 par les officiers de la reine Jeanne.

Ce Giraudet, dès lors appelé Giraud, figure tantôt avec le titre de seigneur de Grignan et d'Aps, tantôt avec celui de seigneur des baronnies de Grignan et d'Aps *(dominus baroniarum Graynhani et de Alpibus)*, en une foule d'actes, parmi lesquels nous rappellerons seulement quelques-uns de ceux qui touchent directement à Aps.

Le 27 août 1345, il passe quittance de certaine somme à Reymond « de Chayrès », damoiseau, et le lendemain il reçoit la reconnaissance en fief et l'hommage de plusieurs personnes pour des possessions à La Champ, paroisse de Saint-Maurice.

Après la ratification, déjà signalée, d'un échange d'avril 1347, il apparaît recevant, en 1350, l'hommage prêté à la manière des nobles par Pierre Alliaud, notaire, habitant d'Aps ; recevant, le 8 février suivant, la reconnaissance en fief franc et d'honneur de Bertrand du Teil pour une part de la Roche près d'Aps ; vendant, le 9 mars suivant, comme « baron d'Aps, seigneur d'Aubignas », plusieurs fonds à un particulier ; et traitant, comme parier et haut seigneur du château de Saint-Pons, le 7 août 1351, avec le prieur de Saint-Pons, à raison d'hommages prêtés au prieuré par des particuliers.

Citons ensuite de lui l'hommage lige qu'il reçut de noble Armand d'Avisens, damoiseau de Saint-Pons, et la donation entre vifs qu'il fit à ce noble de six sétiers de seigle de cense et de revenu avec directe seigneurie dans le mandement ou les mandements du château d'Ajoux *(de Aiaone)*, le 17 janvier 1352 ; les hommage et reconnaissance de fief franc et honorifique qu'il fit, le 14 mai 1352, à Giraud Adhémar, seigneur de Montélimar et de Rochemaure, pour les châteaux et manses d'Aps, Saint-Pons, Saint-Andéol-de-Berg, Saint-Maurice-d'Ibie, et pour des biens de Mercoiras, avec promesse d'observer la transaction du 9 juin 1308 ; les reconnaissance et hommage en fief qu'il reçut de noble Pierre Salivand, seigneur de Mercoiras et coseigneur de Saint-Andéol-de-Berg, pour des propriétés auxdits lieux, le 2 août 1352 ; les reconnaissance et hommage qu'il reçut, le 16 novembre suivant, de noble Raymond de Pallières, pour les manses de Pallières et du Serret dans la paroisse de Burzet ; l'hommage avec reconnaissance en fief qu'il reçut, le 27 mai 1356, de noble Reymond de Viusenas et de Luquette d'Aubignas sa femme, pour tout ce qu'ils tenaient, ou que d'autres tenaient d'eux, à Aps ou dans son territoire et mandement ; la reconnaissance de fief qu'il reçut le 15 juillet 1356 du prieur de Saint-Pierre d'Aps ; l'hommage lige à la manière des nobles qu'il reçut, le 26 décembre 1356, de Pierre Alhaud, notaire, de Valvignères, alors habitant d'Aps (1) ;

(1) « Anno Incarnationis dominice milles° tricentes° quinquages° sexto, videlicet xxv die mensis decembris, Serenissimo principe domino Johanne Dei gratia Francorum rege regnante, et magnifico ac pot. viro dom. Giraudo Adheymarii domino baroniar. Graynh[1] et Alpium existente, constitutus in presencia viri magnifici, nobilis et potentis domini Gir. Adheym., militis, domini baroniar. Graynh[1] et Alpium predictar. meique not. publici subscripti et testium infrascriptor..., discretus vir magister Petrus Alhaudi notarius de Valleviner(iis) Vivarien. dyoc., nunc habitator castri de Alpibus..., ipsi domino Giraudo Adhem., presenti, stipulanti et recipienti pro se et heredibus et successoribus suis in futurum, et ipsum recipienti gratis in hominem ligium, idem magister Petrus, per se et suos successores, stando rectis pedibus et junctis manibus positis infra manus dicti dom. Giraudi Adheym. et fidelitatis osculum tribuendo sibi ad invicem, fecit homagium ligium more nobilium de persona sua eidem dom. Giraudo... et eidem fidelitatis prestitit juramentum cum omnibus capitulis in sacramento fidelitatis comprehensis... Et dictus dom. Giraudus Adhey., homagium dicti magistri Petri recipiens et acceptans ipsum tamquam hominem suum ligium... acceptavit, et sibi omnes libertates et franchesias quas homines sui liberi et franchi, nobiles

la confirmation des libertés des habitants d'Aps accordée par lui le 2 janvier suivant (1); la procuration qu'il donna, le 22 août 1357, à Foulques Chabrier, notaire, pour la gestion de ses affaires et intérêts dans la baronnie d'Aps ; la reconnaissance en fief franc avec hommage lige que lui fit, le 21 juin 1358, noble Guigues du Teil, pour une part d'un devès que celui-ci avait à Aunac, mandement d'Aps; la diminution de cens que Foulques Chabrier accorda à Durant de Cayses *(Dur. de Caysiis)* pour fonds situés au

seu domicelli loci et castri de Alpibus, dicte baronie Alpium, necnon aliorum locorum dicte baronie seu castrorum vel locorum suorum scitorum citra Rodanum, habent et habere debent... dedit et concessit et suis successoribus infuturum... Acta fuerunt hec apud Alpes, in fortalicio dicti castri, videlicet in aula, testibus presentibus ad hec vocatis et rogatis nobil. Raymundo de Juvenacio, Mileto de Audefredo, Dalmacio la Rocha domic., magistro Pon. de Arsilerio notario, Armando d'Avzens, Guill° Alhaudi, et pluribus aliis, et me Fulcone Chabrerii, publico baroniar. Graynh¹ et Alpium not°... » (Minutes de Mᵉ Long, reg. coté *Aps*, ff. i-vj).

(1) C'est certainement à cette confirmation de libertés que se rapportent les notes suivantes du temps, dont le commencement et la fin étaient sur des folios aujourd'hui presque totalement perdus. La date en a disparu ; mais elles sont placées immédiatement avant des notes semblables, du 7 mai 1357, où figurent les vassaux d'Aubignas, et qu'on trouvera plus loin, ce qui indique les premiers mois de l'an. 1357.

« [.]
« † P(rim)o, Johᵉˢ de Cornilho ; † Jo. Ortolani ; † Alaysia de Villanova ; † Pe(trus Richardi ; † Pon. de Albinhaco al(ias) Gastant. et Pe(trus ejus filius ; † Jo. d'Aynant ; Jo. de Romanis ; † it(em) Martinus de Sulherio ; † it. Jac(ob.) de Charunssaco ; it. Pe. Veeyrii ; it. Pe. et Jo. Sabaterii ; † it. Vitalis de Verneto et † Lauren. de Verneto ; † it. Gir. de Lyoura ; † it. Vincen. de Lyoura ; † it. Guillᵘˢ de Sᵗᵒ Syrico ; † it. Petronilla Teyseria ; † it. Aybellina de Ouchia et Raymueis filia sua ; † it. Bertr. de Molayracio ; it. Arnaudus Lagarda ; † it. Jo. Flandini ; † it. Matheus de Eligerii ; † it. Gir. Boverii ; † it. Pe. d'Aysteys ; † it. Pon. de Bruolis ; it. heredes Jo. Mathey ; it. heredes Guillᵉ Borgeti ; † it. Jo. de Sarcinans ; † it. Jo. Garenrau ; † it. Johᵉˢ Poncii ; † it. heredes Ymberti Chabra, videlicet Pon. Chabra ; † it. Jo. Ajanella al. Vedosto ; † it. St(eph.) Sabaterii ; it. hered(es⁾ Pon. Bocherii ; it. Raymundus Operarii ; † it. Andreas Chapusii ; it. hered. Petri Amenllerii ; † it. Andreas Lacomba ; † it. Guillᵘˢ Alhaudi ; † it. St(eph.) Lachabana ; it. Guigonus Bocherii ; † it. Guillᵘˢ Gitberti ; it. heredes Guillⁱ de Tavisano ; † it. Gir. Yeardi ; it. hered. Raymundi de Tavisano ; it. heredes Alasie de Rossacio ; † it. Gir. de Ranchaboys ; † it. Armandeta ; † it. Mona Graneta ; † it. heredes Bertr. Vernussonis ; † it. Pon. Chalvini ; † it. Pe. Bocherii ; it. Guillᵘˢ et Pe. Ayraudi ; † it. Jo. Raynaudi ; † it. Bertr. Chabra filius Petri Chabre ; † it. Johᵉˢ Bescesii ; it. heredes Pon. Laffara ; † it. Pe. de Ouchia ; † it. Guillᵘˢ d'Asteys ; † it. Sismondus Denis ; † it. Matheus Chassaneti ; it. Johᵃ Gareniana ; it. Jo. de Eligerii ; † it. Jo. d'Esteys ; it. heredes Jo. d'Asteys et Marconus Charerii ; † it. Guillᵘˢ Textoris ; † it. Pon. Montani ; † it. Armandus Bescesii ; it. heredes Marconi de Charunssaco ; † it. Hug. Chassaneti ; it. Pe. et † Guillᵘˢ Vergerii ; † it. Guillᵘˢ Lacosta et Pe. ejus filius ; it. Agnes de Tavissano ; it. Johᵉˢ Bescesii filius Guillⁱ ; it. Raymundus de Croso ; † it. Raymundus Guidonis ; it. heredes Jo. Bergerii ; it. heredes Raymundi de Charunsaco, tenet Pe. Corneti ; it. heredes Petri Dalmacii, tenet Raymundus de Nigrobosco de Argent(er)ia pro ux(ore) ; it, Guillᵘˢ Litonis et sorores suas ; it. heredes Pon. Lamaria ; it. heredes Petri Savini, tenet Jaufredus Lablacha de Sancto Pon(cio) ; it. heredes Armandi de Petra ; it. Jo. Desmerii filius Petri ; it. Jo. Vergerii alias Barbier ; it. heredes Jo. Chalyini al(ias) Carcalet ; it. † Lauren. de Malayracio et Vincen. et Lauren. cor(um) filii.

« Omnis cuise signat. fecerunt homag(ium) anno et die quibus supra. Acta

mandement d'Aps, et la reconnaissance que lui fit ce tenancier de ces fonds et cens, le 23 juin 1359; l'affranchissement de cens qu'il accorda et les hommage et reconnaissance qu'il reçut de noble Hugues Giroard, pour des immeubles situés à Aps et dans son mandement, le 4 août 1359 (1); l'investiture donnée, le 9 jan-

fuerunt hec apud Alpes in aula, t. p. nobil. Bereng. Acoleni, Raymundo de Juvenacio, Petro de Lacu, domino Petro de Sancto Baudilio canonico S[ti] Ruphi, claustrar. S[ti] Petri de Alpibus, Mileto de Audefredo, et pluribus aliis.

« Postque in castrinum homines infrascripti fecerunt homag(ium) ligium prout alii pro se et liberis et succ(essorib.) corum de... Act. ut supra, t. p. nobil. Bertr. de Blacosio, Dalmacio de Graynhano, Mileto de Audefredo, Dalmacio Laracha et pluribus aliis.

« Et p(rim)o Joh[es] Graneti de Ruppe; it. Lauren. Chaychi dicti loci; it. Joh[es] de Ponte dicti loci; it. Jac(ob.) de Charunsaco de Alpibus; it. Aybelina de Ouchia; it. Raymueis uxor Pon, Gey condam; it. Petronilla Teyseric.

« Post que, anno quo s[upra......] Richardi modo et f[orma......] Gir. prout su[pra......]; it. St(eph.) Sab[aterii......]; it. Guill[mus......]; it. V[......] ».

Suivaient 4 ou 5 articles et une conclusion aujourd'hui perdus. (Minut. cit., reg. coté Aps, ff. non numérotés, entre 16 et xxx).

Notons, en terminant, que les articles soulignés sont barrés à l'original, et que les † précédant certains noms y ont été mises après confection de la liste.

(1) « ... Anno Incarnat. ejusd. Domini millesimo tricentes° quinquages° nono, et die videlicet quarta mensis Augusti, serenissimo principe domino Johanne Dei gratia Francorum rege regnante, et magnifico et potenti viro domino Giraudo Adheym. domino baroniarum et Alpium existente..., cum nobilis Hugo Giroardi, de Villanova, Vivarien. dyoc., teneret in emphyteosim a nobili et potenti viro domino Giraudo Adheym. domino baroniarum Grayn. et Alpium predicto quedam hospicia cum quadam curte simul conting. scilis in loco de Alpibus confron. ab (una) parte cum carreria publica, et ab alia parte cum hospicio Gir. de Ramchaboys, et ab alia parte cum casali Guigonis Bocherii, et ab alia parte cum hospicio nobilis Guillelmi de Rossacio et cum hospicio Pon. Chalanconi uxoris nomine, et cum hospicio Guigonis de Fonte, sub censu anno qu[a]tuor denarior. turon. censual.; item et quadam terra scita in mandamento de Alpibus in territorio de Pratis que confron. ab una parte cum via publica qua ytur de Alpibus versus Villamnovam de Berco et econversso, et ab alia parte cum via publica qua ytur de Alpibus versus Vallemvinaria(m) et econverso, et ab alia parte cum terra Joh[is] Sabaterii presbiteri, a vento et ab alia parte cum prato Guigonis de Fonte, quadam via media qua ytur versus Folia B(er)ti(n)a sub annuo censu sex denuarior. tur. censual.; item et quandam terra vocata Condamina confron. ab una parte (cum) terra nobilis Armandi Guillelmi et ab alia parte cum vineis de Torneaco et ab alia parte cum vine(a) Guillelmi Alhaudi a parte venti et cum terra dicti nobilis Armandi Guillelmi; item et totum factum vocatum Lamenlaria confron. cum rivo de Lamenlaria longitudine et via publica qua ytur de Alpibus versus territorium de Las Vaus, et ab alia parte cum prato Alasie de Villanova

vier suivant, à noble Bérenger Arcolen, d'une émine de froment de cense achetée de noble Guillaume Eyraud d'Aps et perçue sur une terre d'Imbert *Chabria* d'Aps, située *aus Borgonhos*, dans le mandement d'Aps ; l'investiture avec franchise de cens accordée, à noble Hugues Giroard, d'une terre au mandement d'Aps, le 12 avril 1360; les hommages qu'il reçut, en février 1364 (n. s.), de noble Guillaume Charbonnel et de Sibille Archimbaud, sa femme, pour ce qu'ils tenaient au terroir de Gardonnel, et de Pierre Bonnet de La Champ-Raphaël et de Siboude d'Aubignas, sa femme, pour biens au terroir et mandement d'Aps ; la ratification qu'il fit,

alias Fauressa; item et totum factum vocatum de Hortiga manha, *confron. cum rivo de Ortigamanha a longitudine et cum terra Granelorum et ab alia parte cum dicta via qua ytur de Alpibus versus territorium de Las Vaus a parte venti et alia parte cum terra magistri Petri Alhaudi a parte orientalis, sub annuo censu possetionum predictarum superius ultimis confront. pro indiviso quinque soludorum turon. censual., prout prefati tam nobilis dominus Giraudus quam nobilis Hugo Giroardi in mei notarii infrascripti et testium subscriptorum asserebant et profitebantur fore vera : hinc est quod, anno et die quibus supra, prefatus inquam nobilis dominus Gir. Adheym., attendens et considerans plura grata et innumerabilia servicia, obsequia et amor. que dictus nobilis Hugo Giroardi ipsi nobili domino Giraudo fecit et cotidie facere non cessat et fidelitatem quam habet erga eum, pro se et suis heredibus et successoribus imperpetuum quibuscunque...... dicto Hugoni presenti, stipulanti sollempniter et recipienti pro se et suis per imperpetuum heredibus et successoribus quibuscunque, dictos quinque soludos et decem denar. tur(on.) censuales quitavit, remisit perpetuo et donavit donatione pura simplic. et irrevocabili que habet fieri inter vivos nullaque causa ingratitudinis revocanda, et a prestatione eorumdem dictorum quinque soludos. et decem denariorum eumdem nobilem Hugonem ut supra stipulantem et suos heredes et successores ac terras et hospicia ac curtem predict. superius confron(t.) exhoneravit, affranchivit, liberavit penitus et absolvit...... salvo tamen et retento per dictum dominum Giraudum quod dictus nobilis Hugo et sui successores predicta omnia superius confrontata teneat et tenere debeat a dicto nobili domino Giraudo et suis successoribus in feudum francum, gentile et honoratum. Et predicta omnia vera esse et... complere et contra non facere, dicere vel venire dictus nobilis dominus Giraudus dicto nobili Hugoni sollempniter stipulanti per sollempnem stipulationem, et sub obligatione omnium bonorum suorum presen. et futurorum... promisit et super sancta Dei euvangelia ab ipso corporaliter gratis manu tacta juravit,*

le 12 mars 1369 (v. s.), comme baron d'Aps, d'une « transaction passée en 1306 avec ses vassaux »; la reconnaissance en fief franc, noble et libre, que lui fit, le 3 avril 1371, Hugues Gandolet, de Saint-Pons-sous-Coyron, comme procureur de sa femme Sibilie, fille de Pierre Chapus, pour des biens de Sibilie situés au mas de *Molayras*, mandement d'Aps; enfin, la consolidation à son profit, en 1374, de la supériorité des seigneurs de Montélimar sur Aps avec la seigneurie ordinaire de ce fief, par l'héritage qu'il eut de Montélimar même, que son fils aîné allait céder au pape en 1383.

Giraud Adhémar conservait la baronnie d'Aps en 1379, comme le prouve un acte du 18 janvier de cette année (n. s.). Cet acte est une reconnaissance en fief franc, noble et libre, faite à ce seigneur par noble Pierre Salvatier, habitant de Saint-Marcel en Vivarais, comme procureur de Sibilie Chapus, de St-Pons-sous-Coiron, sa

cum omni jur. renuntiat. pariter et cautela...... Postque incontinenti et in eodem statu prefatus nobilis Hugo Giroardi sponte... confessus fuit et publice recognovit nomine suo et successor. suor. nobili et potenti viro domino Giraudo Adheym. predicto, presenti, stipulanti sollempniter et recipienti pro se et suis successoribus imposterum, ipsum nobilem Hugonem tenere, tenere debere et velle a predicto nobili domino Giraudo et a suis successoribus ipsius nobilis domini Giraudi Adheym... in feudum francum gentile et honoratum, hospic(ia), curt(em) et terras superius confrontat., nominat. et expressat., pro quoquidem feudo et ratione dicti feudi prefatus nobilis Hugo predicto nobili domino Giraudo Adheym., ut supra stipulanti et recipienti, homagium et recognitionem fecit cum sacramento fidelitatis et capitulis in eodem contentis, stans pedes, junctis manibus inclusis infra manibus dicti nobilis domini Giraudi, oris osculo inter ipsos subsequuto, promitens et recognoscens predictus nobilis Hugo predictum nobilum dominum Giraud. et suos juvare et juvare debere de placito et de guerra de persona et feudo predicto contra quascunque personas cujuscunque conditionis existant seu fuerint in futur(um). Promitens ulterius et recognoscens dictus nobilis Hugo similem recognitionem et homagium facere et se et suos successores facere debere predicto nobili domino Giraudo et suis successorib. in qualibet mutatione domini vel vassali. De quibus...... Acta fuerunt hec apud Alpes, infra fortalicium dicti castri, in aula, testibus presentibus nobili Berengario Arcoleni domino Mercoyracii, magistro Martino de Sulherio not°, Guigone Bocherii, et me Fulcone Chabrerii, publico baroniarum Graynhani et Alpium notario, etc. (Minut. cit. reg. coté Aps, ff. 57 v°-59 2°).

femme, pour ce que celle-ci possédait au mas de Moleyras et en d'autres lieux du mandement d'Aps, pour ce qu'elle avait au territoire appelé *la Blache de la dame Raymonde (Blachia domine Raymunde)*, et pour des censes et possessions à Aps ; comme conséquence, l'hommage lige fut fait pour tout cela à Giraud.

Ce dernier conserva même le titre et les droits de cette baronnie jusqu'à sa mort, arrivée du 21 au 23 septembre 1380; puis, Grignan et Montélimar échurent à son fils aîné, nommé Giraud comme lui, tandis qu'Aps et sa baronnie formaient l'apanage d'un puîné nommé Guy, ou plutôt Guyot, qui avait figuré comme témoin, le 10 juin 1374, en un acte fait au château de Grignan.

Ce mode de succession était réglé d'avance ; car Guyot figure, comme témoin, avec la qualification de seigneur d'Aps *(dominus de Alpibus)* au bas d'un acte du 11 août 1380, dans lequel son père reçoit, comme seigneur de Montélimar et de Grignan, la reconnaissance de noble Alasie *(Alasia)* de Montdragon, veuve de Huguet *de Chapella*, pour censes sur biens à Chantemerle. Mais des actes du 31 août et des 18 et 21 septembre 1380 qualifient encore son père de seigneur d'Aps, sans doute parce que celui-ci ne s'était pas dessaisi de cette seigneurie avant sa mort. Toutefois Guyot est seul dans les actes suivants à prendre cette qualification, qu'il a dans un acte du 11 août 1383. Il l'a aussi dans une reconnaissance qu'il reçut, le 10 janvier suivant, en présence et avec le consentement de Giraud son frère, pour des biens situés à Aubignas ou dans son mandement. Il était alors sous la curatelle de son dit frère (1).

Guyot vendit, le 5 août 1385, devant Pierre Alliaud, notaire, des censes à noble Pierre Fourchade. De concert avec noble Louis d'Anduze, il demanda en 1386 au vice-légat d'Avignon le testament de Giraud Adhémar, pour le remettre à la sénéchaussée de Beaucaire. Puis, le 13 mai 1390, il assista au traité qui eut lieu entre le même Louis d'Anduze, seigneur de la Voulte, et Giraud Adhémar, seigneur de Grignan, pour le règlement des droits de ces

---

(1) Collection d'archives de M. Morin-Pons, *passim*. — Biblioth. nat., mss. lat., 9239. — Minut. de Mᵉ Long, *passim*. — Mairie de Grignan, *Transcript. Pays*, ff. 101-30. — VALLET DE VIRIVILLE, *Catalogue des archives de la maison de Grignan*. — LAMBERT, *Catalogue de la biblioth. de Carpentras*, t. II, p. 458. — LACROIX, *L'arrond. de Montélimar*, v, p. 257-8. — Marquis de BOISGELIN, *Généalogie des Adhémar*, pp. 1-35.

seigneurs sur Montélimar, et où il fut décidé que la haute seigneurie du seigneur de Montélimar sur Aps, Saint-Pons et autres châteaux tenus de lui par le seigneur d'Aps, appartiendrait uniquement au seigneur de Grignan et à ses successeurs.

Fait chevalier avant le 2 juin 1389, comme le prouve un acte de cette date passé à Grignan et dont il fut témoin, il eut bientôt à exercer sa bravoure dans les combats. Dans la guerre civile qui désola la Provence en 1390, à la suite de l'élection et du couronnement du jeune Louis comme roi de Sicile et comte de Provence, la haine des ennemis de ce prince, à la tête desquels se trouvait Reymond de Turenne, visa surtout le pape qui avait fait le couronnement. Celui-ci avait pour se défendre une armée sous les ordres d'Odon de Villars, du sire de Montfort et de Gérard de Termes; et Giraud Adhémar, seigneur de Grignan, Guyot, seigneur d'Aps, et Yves Adhémar, ses frères, servaient aussi sous les drapeaux de l'Eglise, à la tête de 25 hommes à cheval, tous bien armés, moyennant la somme de 500 florins d'or ou d'environ 500 francs par mois, que le pape leur donnait. Ces derniers détails sur les Adhémar, dit Papon, qui nous les a conservés, sont tirés d'une charte originale.

Et cependant Guyot était encore en 1393 sous la curatelle de Giraud son frère, comme le dit expressément un acte du 12 août de cette année même, par lequel notre seigneur d'Aps afferma pour trois ans, avec la permission et l'autorisation spéciale de son dit frère et curateur, une bonne part de ses revenus. Cette part affermée comprenait tous les fruits et revenus que Guyot avait aux lieux, territoires et mandements d'Aps, de Saint-Pons, de Roche près d'Aps, et de l'Alier *(de Elerio, de Helerio, de Halerio)*. Leur énumération dans l'acte comprend les fruits déjà pendants dans la vigne propre dudit noble Guyot située au territoire d'Aps, les fruits, rentes, revenus et jouissances, et la moitié des droits de justice et seigneuriaux sur les hommes indigènes ou étrangers, sur les moulins, fours, louades, péages, cens, services pécuniaires, blés, vingtains, tasques, cinquains, terres cultivées et incultes, prés, bois, vignes, pacages, hermes, poules, habitations, maisons, chasaux, prises, servitudes et services, lods, et tous biens de ville ou de campagne, appartenant audit noble Guyot de quelle manière que ce soit, par coutume ou par droit, dans lesdits lieux et mandements. Guyot s'y réserve seulement le droit de consentir aux ventes, d'investir, et de retenir les biens par libre prélation, ainsi que de retenir les choses dévolues par droit féodal et par commis et d'en jouir, dans tous les cas admis par le droit, l'habitude et l'usage du pays. Le prix de ces trois années de ferme ensemble était de 160 florins d'or bon et fin, de bon et légal poids de la reine de Sicile. Le fermier, frère Jean Sabatier, religieux cluniste, prieur de Saint-Martin du mandement ou district d'Aps, devait en payer 100 le 1er septembre suivant, et les 60 restants au milieu du carême de l'année suivante. L'acte fut fait au château de Grignan, et une quittance du 5 avril 1394 montre ce prieur achevant de payer ce jour-là à Guyot le prix de cette ferme (1).

En voyant Guyot escompter ainsi d'avance les revenus de sa baronnie, nous sommes tenté de croire que l'argent n'abondait pas alors au château de Grignan, résidence manifeste du jeune chevalier pour le temps qui n'était pas pris par les guerres ou les voyages. Au surplus, Guyot, qui le 24 novembre 1394 traitait par le moyen d'arbitres avec les habitants d'Aps et d'Aubignas, jouissait-il bien alors de tous les droits utiles de ses aïeux sur la seigneurie? En effet, sans insister sur la cession pour 3 ans faite, en 1371, par Giraud Adhémar à Bertrand de Taulignan, mari de Garcende Adhémar, des revenus d'Aps, d'Aubignas, de Saint-Pons, de St-Maurice-d'Ibie, d'Ajoux et de l'Alier, pour solde de la dot de Garcende, il faut du moins remarquer que, faute de règlement, l'affaire était encore au siècle suivant le sujet d'un litige tranché seulement en 1432. Mais ce n'est pas tout. Lors du mariage de Cécile Adhémar avec Guillaume de Saint-Amans, les châteaux d'Aps, Saint-Pons de Coyron, La Roche et Aubignas, ou du moins leurs revenus, furent assignés pour sa dot de 350 florins d'or. Après la mort de Guillaume, Cécile se remaria avec Bertrand, seigneur de Tournemire, et, pour paiement de la dot, revenant à 350 florins, Giraud Adhémar, frère de Cécile, cédait de nouveau, le 20 novembre 1360, à Bertrand de Tournemire, les revenus et fruits des châteaux d'Aps, Saint-Pons et Aubignas.

Mais, le 16 juin 1400, Guyot épousait à Broquiers, diocèse de

(1) Arch. de Me Morin-Pons. — Papon, *Hist. gén. de Provence*, t. III, p. 283. — Minut. cit. reg. *Semper*, f. 82, et *Deus*, vers la fin.

Rodez, noble Miracle de Combret, fille de feu Pierre, seigneur dudit Broquiers ; et, par affection pour les nouveaux époux, noble Bertrand de Tournemire, fils et procureur de Cécile, donnait à Guyot, son cousin-germain, et à dame Miracle les châteaux d'Aps, Saint-Pons, La Roche et Aubignas, avec leurs droits et appartenances. L'acte réserve seulement aux donateurs une somme de 850 livres d'or, à prendre par 30 livres l'année sur les revenus d'Aubignas ; et il stipule que les biens donnés resteront à lad. Miracle et aux siens, à défaut d'enfants issus de son mariage avec Guyot. L'acte fut reçu par Jacques Fournier, notaire.

Miracle, ainsi établie dame d'Aps par un titre personnel, passait en effet, conjointement avec son mari, le 1er avril 1405, vente de quelques rentes à Jean Vernède ; et, le 24 du même mois, les mêmes seigneurs et dame faisaient au même une autre vente.

Guyot Adhémar, qui occupait en 1407 la terre de Clansayes, malgré Louis de Poitiers comte de Valentinois, la conserva, malgré les lettres obtenues par ce dernier du gouverneur du Dauphiné le 21 juillet 1407 contre notre seigneur d'Aps ; et, il devint de plus seigneur de Grignan en 1410 par la mort de Giraud son frère. Il mourut lui-même en mai 1419, laissant Aps et Grignan à son fils Giraud.

Celui-ci, par testament de 1426, léguait aux luminaires, au cierge, et pour les âmes du purgatoire, en les églises de son lieu d'Aps, 10 florins. Il léguait à Giraudon, son fils, Grignan, et au posthume dont sa femme était enceinte, sa terre et baronnie d'Aps, et tous les droits lui appartenant au-delà du Rhône, aux parties du royaume de France, et qui lui y appartiendraient au jour de son décès. Mais Giraud vécut de longues années encore après ce testament.

Le 26 janvier 1434 (n. s.), il recevait, devant Pierre de Merquoirol, notaire, la reconnaissance de fief et l'hommage du prieur de Saint-Pierre d'Aps, pour tout ce que celui-ci possédait ou autres tenaient de lui aux terroir et mandement d'Aps ; le lendemain 27, il recevait ceux de Guillaume Pellapra, habitant à Viviers, pour tout ce qu'il tenait, par lui-même ou par d'autres, dans les territoires et districts d'Aps, La Roche et Aubignas ; le 28, il recevait ceux de nobles Jean Maroan et Maroan père et fils, du Bourg-Saint-Andéol, pour tout ce qu'ils possédaient ou que d'autres tenaient d'eux, aux terroir et mandement d'Aps.

Giraud était encore seigneur de Grignan et d'Aps le 15 janvier 1440. Mais, avant sa mort et tout en gardant Grignan, il s'était dessaisi d'Aps en faveur de son fils aîné, nommé comme lui Giraud. Ce changement était opéré avant le 4 janvier 1455, jour où « puissant seigneur Giraud Adhémar, seigneur baron d'Aps et d'Aubignas, fils émancipé d'autre », confirmait les libertés et franchises accordées le 6 novembre 1303 aux habitants d'Aubignas par le seigneur Giraud Adhémar et Blonde sa femme ». Puis on voit le nouveau baron donner, le 5 avril 1456, à noble Gonon Esterosy l'investiture d'une acquisition par lui faite, de noble Pierre de Chanancilles seigneur du Pin, de fonds au mandement d'Aps, à raison desquels il fait hommage audit baron. L'acte fut reçu par Bertrand Boyer, notaire.

Giraud père, seigneur de Grignan, étant mort, Giraud fils, baron d'Aps, lui succéda à Grignan, et un accord intervenu entre celui-ci et Gaucher son frère, le 18 août 1466, réglait la part et les droits des deux contractants et de leurs frères Bertrand et Louis sur les biens patrimoniaux. Il fut convenu que Gaucher aurait toute la baronnie d'Aps et les château, territoire et juridiction de Marsanne ; mais, si Gaucher ou ses descendants mâles et légitimes venaient à mourir sans descendants mâles et légitimes, ces biens appartiendraient à Bertrand Adhémar, frère plus jeune des contractants, seigneur de Clansayes, ou à ses descendants mâles et légitimes ; ce dernier cas arrivant, Clansayes appartiendrait à Louis Adhémar, le plus jeune des quatre frères, ou aux descendants mâles et légitimes qu'il pourrait avoir. Si Bertrand ou ses descendants mâles et légitimes mouraient sans laisser de tels descendants, Aps et Marsanne écherraient à Louis, et Clansayes serait au seigneur de Grignan, lequel aurait pareillement Aps et Marsanne au cas où tous ses frères mourraient sans descendants mâles et légitimes. Au cas où le seigneur de Grignan ou ses descendants mâles et légitimes mourraient sans de tels descendants, leur héritage serait pour Gaucher, ou pour Bertrand, ou pour Louis, en leur personne ou en celle de leurs descendants mâles et légitimes. Ces dispositions n'enlèvent pas aux personnes ci-dessus le pouvoir de tester et de faire des dispositions pies selon leur qualité personnelle et l'importance de leurs biens. Enfin, le seigneur de Grignan contractant doit faire tenir Gaucher quitte, par l'église cathédrale de Viviers, de tout ce à quoi la baronnie d'Aps est obligée envers cette église; il est également chargé de faire avoir à Gaucher et à ses enfants, sans frais ni dépens pour ceux-ci, les biens que Pierre du Pin ou ses prédécesseurs tenaient autrefois dans la baronnie d'Aps.

Conformément à cet accord, Gaucher eut dès lors la baronnie d'Aps, et le 29 avril 1471 il rachetait de noble Antoine Astard un domaine autrefois acquis par Giraud Adhémar du seigneur du Pin et situé au mandement d'Aps. Mais, du 1er octobre 1477 au 13 novembre 1481, Giraud mourait sans enfant de son mariage avec Aglaé de Lestrange et laissait Grignan au baron d'Aps, Gaucher, qui de son côté se dessaisissait d'Aps en faveur de Bertrand, leur autre frère.

Bertrand Adhémar, baron d'Aps et seigneur de Marsanne, épousa, le 31 décembre 1485, Béatrix Alleman, fille de feu Guillaume, seigneur de Lers, diocèse d'Orange, dotée par Louis, son frère, de 5,000 florins, et par le futur de 800 florins d'augment. Le contrat matrimonial fut fait à Grignan.

Depuis lors, Bertrand assista, le 1er avril 1504, à un acte passé entre gens de sa famille dans la grande salle du château de Grignan; il donna, le 18 du même mois, au sénéchal de Nimes, un dénombrement de ce qu'il tenait du roi en fief franc et des fiefs et arrière-fiefs qu'il avait dans la sénéchaussée de Nimes, et où « on voit qu'il possédait la seigneurie d'Aps, une partie de celle de St-Pons-sous-Coyron, de Roche près d'Aps, la seigneurie d'Aubignas, etc. », le 20 avril 1507, il donna à Jean des Astards, seigneur de Valon, quittance de lods pour des acquisitions; le 4 juin suivant, il fit, devant Claude Barbier, notaire, un traité avec les habitants d'Aps; le 2 avril 1512, il fit donation et remise à Gaucher son frère, seigneur de Grignan, de tous les droits et actions que lui Bertrand pouvait avoir alors et pourrait avoir plus tard sur les biens et héritage de défunte Blanche de Pierrefort leur mère, et cela tant de son propre chef que de celui de leurs frères et sœur défunts Giraud, Guyot, abbé de Beaulieu, Louis, seigneur de St-Auban, et Catherine, dame de Charieu en Bourgogne; puis, le même jour, par un autre acte, qui explique parfaitement le but de cette donation, Gaucher s'engageait à remettre à Bertrand la portion lui revenant, des chefs susdits sur les biens et héritage maternels ci-dessus, au cas où Gaucher les recouvrerait des mains des détenteurs, sauf défalcation des frais faits pour cela par ce dernier.

Bertrand fit, le 16 décembre 1518, un testament avec substitution et mourut peu après, laissant de Béatrix son épouse : 1° François, dont nous parlerons bientôt ; 2° Catherine, pour le mariage de laquelle Jeanne Adhémar, dame de Châteauneuf-Charbonnier, avait légué 300 florins audit Bertrand son frère, par testament du 20 juillet 1502, et qui avait épousé, le 9 juillet 1508, Jacques de Brunier, seigneur de Larnage ; Diane, qui fut mariée à noble Reynaud de Fay, seigneur de Gerlande, du vivant de Bertrand Adhémar son père.

François Adhémar, qui le 12 février 1505 passait déjà une investiture, mais au nom de son père, avait succédé à celui-ci avant le 20 mars 1519, jour où il recevait, devant Claude Barbier, notaire, l'hommage de noble Louis Guion, du lieu d'Aps, pour des propriétés situées audit Aps et dont il avait été fait hommage, le 15 octobre 1318, à Giraud Adhémar, baron d'Aps. Nous avons encore sur François un acte du 29 mai 1519, qui le qualifie de « seigneur et baron d'Aps et de toute sa baronnie, au diocèse de Viviers, de Marsanne et de Beaumont, au diocèse de Valence, fils naturel et légitime et héritier universel de magnifique seigneur Bertrand Adhémar. » Par cet acte et auxdites qualités, il faisait en faveur de nobles et généreux seigneurs Reynaud de Fay, seigneur de Gerlande, diocèse de Vienne, et Diane Adhémar, fille de Bertrand, épouse dud. Reynaud, reconnaissance de la somme de 200 écus valant chacun 3 florins, le florin de 12 sous tournois et le sou de 4 liards de la monnaie courante, et ce pour ce qui restait dû à ces époux sur la dot assignée en mariage par Bertrand Adhémar.

A la mort de François, arrivée peu après ce dernier acte, Louis Adhémar, son cousin-germain, baron de Grignan, fit ouvrir en sa faveur la substitution stipulée, suivant l'usage des Adhémar, au profit des mâles de la lignée la plus proche. Il devint ainsi maître d'Aps, comme le prouve déjà un dénombrement qu'il donna le 1er septembre 1520 et où il déclare posséder la baronnie d'Aps, la terre et seigneurie d'Aubignas, la moitié de la juridiction de La Roche près d'Aps, la forteresse dudit La Roche, ainsi que celles de Saint-Nazaire et de Saint-Auban, tenues en fief de lui par d'autres seigneurs.

On voit encore Louis Adhémar recevoir, le 9 janvier 1521, une reconnaissance en fief de noble Louis d'Aubignas ; celle de noble Louis Guion, pour tout ce qui est contenu dans un acte de 1378 ; de noble Josserand de Giès, seigneur de Pampelonne, pour tout ce qu'il tient aux lieux et mandements d'Aps, La Roche près d'Aps et Aubignas. Le 30 janvier 1521, il traite avec noble de Marette, écuyer, seigneur de Fourchade et coseigneur de La Roche, pour les limites et juridictions d'Aps et de La Roche. Des actes de 1522, 1524, 1530, 1532, 1533, 1534, etc., qualifient Louis Adhémar de baron de Grignan, d'Aps et de Marsanne. Rappelons encore le « consentement » qu'il donna comme « baron d'Aps et coseigneur de La Roche », le dernier avril 1526, « à noble Blaise de Fourchade, aussi coseigneur de La Roche, de faire une porte dans un mur » au mandement d'Aps ; la vente que lui et noble Blaise de Marette firent, en 1535, devant Barbier, notaire, de la faculté de faire un moulin sur la rivière d'Escoutay ; le dénombrement que ce baron reçut, le 3 décembre 1540, de ce que noble Louis Guion en tenait en fief ; les reconnaissance et hommage qu'il reçut, le 14 mai 1544, d'Antoine d'Arennes, écuyer d'Aps, pour ce que celui-ci possèdait dans les mandements d'Aps et de La Roche ; une reconnaissance que lui firent diverses personnes, le 1er décembre 1544, « pour un droit de pâturages pour leurs bestiaux dans le mandement d'Aps, » par acte reçu Bonnet Gros, not^e ; la reconnaissance en fief et l'hommage qu'il eut, le 7 janvier 1545, par acte reçu Jean Barbier, notaire, « de noble Louis Steraphy, d'Aubenas, pour tout ce que » ce gentilhomme tenait, « ou d'autres de lui, dans les terroirs et mandemens d'Aps, La Roche et Aubignas » ; l'arrentement que Diane de Montfort, sa mère et procuratrice, donna le 27 juin 1550, par acte reçu Pons Silhol, notaire à Grignan, de la baronnie d'Aps ; le testament du 12 décembre 1552, par lequel il léguait à Anne de Saint-Chamond, sa femme, « les terres, places et seigneuries d'Aps, Aubignas, Marsanne et Bonlieu, avec leur haute, moyenne et basse jurisdiction, pur et mixte empire, droictz, debvoirs, rantes, revenus, appartenances et dépendances quelconques » ; l'arrentement que Blanche Adhémar, sa sœur, dame d'Entrecasteaux, fit pour lui, le 21 décembre 1554, à Antoine Falquos, marchand, » de « la baronnie d'Aps », des fruits et « émoluments quelconques d'icelle, et des seigneuries d'Albinhac, Saint-Pons et La Roche d'Aps, et autres lieux deppendants d'icelle baronnie d'Aps en Vivarez », et ce pour 4 ans et moyennant le prix de 353 livres par an ; enfin, son dernier testament, du 8 octobre 1557, par lequel il léguait à Anne de Saint-Chamond, sa femme, l'usufruit, sa vie durant, de tous ses biens présents ou futurs, à condition d'en payer les charges ordinaires, ainsi que les legs faits par Louis dans led. testament ; son legs à Blanche Adhémar, en ce testament, de 200 livres de rente durant la vie d'Anne de Saint-Chamond, et après, des seigneuries d'Aps, Aubignas, La Roche d'Aps et Saint-Pons, la moitié du péage de Montélimar et des droits de la ville, avec retour à Louis de Castellane, fils de Gaspard et petit-fils de Blanche.

Louis Adhémar mourut en novembre 1558, et Anne de Saint-Chamond, sa veuve, se hâta d'entrer en jouissance de l'usufruit que lui avait légué son mari. Aussi, le 28 décembre de la même année, « Joseph de Cambis, escuyer, seigneur d'Houare, procureur de dame Anne de Sainct-Chamond, usufructuerresse de la baronnie » d'Aps, en arrentait les fruits et émoluments à Antoine Falquos, pour 4 ans et pour 353 livres, comme Blanche Adhémar avait fait pour Louis son frère, en 1554.

A la mort d'Anne de Saint-Chamond, mort arrivée après celle de Blanche Adhémar et postérieurement au 6 avril 1574, la baronnie d'Aps échut à Louis de Castellane-Adhémar, comte de Grignan, lequel donnait le 31 août 1574 procuration pour en prendre possession.

Mais la dot d'Anne de Saint-Chamond, hypothéquée sur Aps, n'était pas payée, et les héritiers de la défunte en réclamaient le payement. C'est pourquoi, le 23 décembre 1576, le comte Louis traita avec nobles et puissants seigneurs Christophe et Jean de Saint-Chamond, frères, héritiers d'Anne, et donna, sous faculté de rachat, à Jean de Saint-Chamond, sieur de Saint-Romain, la terre et la baronnie d'Aps, pour payement de cette dot, réglée à 25,000 livres. L'acte fut reçu par M⁰ Claude Boysse, notᵉ.

Le 10 février 1586, par acte reçu Loubat et de La Cour, notaires, le même comte Louis de Castellane-Adhémar fit un traité avec « Claudie de Fay », qui, veuve sans enfants du sieur de Saint-Romain, avait épousé en secondes noces, le 7 juillet 1579, Antoine de Bron, seigneur de La Liègue. Par ce traité, Louis cédait à cette dame la place et baronnie d'Aps, les terres de La Roche-d'Aps, Saint-Pons, Aubignas et leurs dépendances, et la même dame en faisait transport à Françoise de Lévis, femme du célèbre François de La Baume, comte de Suze, dont le fils Georges est qualifié de baron d'Aps et de seigneur de Plaisians, vers 1590.

Mais Jean de Brunier, que M. Lacroix dit avoir transigé en 1582 avec Louis de Castellane-Adhémar et en avoir obtenu Aps et Marsanne, moyennant 2,000 écus d'or au soleil, ce Jean de Brunier, disons-nous, ou son fils de même nom, seigneur de Larnage, fit ouvrir en sa faveur le fidéicommis stipulé dans le testament de Bertrand Adhémar de 1518 et obtint du parlement de Toulouse, le 15 mai 1599, un arrêt condamnant le seigneur de Plaisians à rendre audit Brunier « la place et baronnie » d'Aps. Les Brunier n'oublièrent pas d'ailleurs de joindre le nom d'Adhémar au leur, pour assurer leurs droits sur l'héritage de leur auteur, Bertrand Adhémar, qui venait de leur être dévolu, en vertu de la mort sans enfants du premier comte Louis Adhémar, neveu de Bertrand, arrivée en 1558, comme nous l'avons dit.

Toutefois, les La Baume de Suze ne se tinrent pas pour définitivement évincés. Un acte, reçu vers 1600 par Serrecourt, notaire à Valence, porte que Timoléon de La Baume-Suze, *comte d'Aps* et seigneur de Plaisians, représenté par Germain Saullier, marchand de Lyon, avait fait saisir les terres de Saint-Romain et Boissieu, en Vivarais, au comte de la Liègue, et la seigneurie de Clansayes au comte de Grignan, pour avoir payement des 20,000 livres dues par le premier et des 12,000 dues par le second. Puis, le 23 janvier 1612, une sentence du sieur Saïn, commissaire du Grand Conseil, rendue entre messire Jean de La Baume de Suze et Louis-François de Castellane-Adhémar, comte de Grignan, héritier de Louis son père, les sieurs de La Liègue et de Larnage, réglait « les affaires d'intérêt de leur famille et succession substituée par Bertrand Adhémar, » et la mise en possession de la baronnie d'Aps en faveur du sieur de La Baume. Bien plus, des lettres patentes de Louis XIII, d'avril 1614, érigeaient Aps en comté pour Georges de La Baume-Suze, sieur de Plaisians, baron d'Aps, en considération de ses services, de l'antiquité de sa maison et « de la ville et seigneurie d'Aps, autrefois colonie des

Romains » ; et d'autres lettres du même roi, de septembre 1618, donnent au même Georges de La Baume entrée aux Etats du Vivarais.

Les Brunier persistaient de leur côté. On voit François de Castellane-Adhémar, comte de Grignan, et Georges de La Baume, traiter ensemble, le 12 juillet 1613, à raison de la garantie obtenue contre eux, sur les demandes que faisait Jean de Brunier, sieur de Larnage ; un acte à peu près de la même époque qualifie Jean de Brunier-Adhémar de Monteil, de seigneur de Marsanne et Larnage et de baron d'Aps ; et un hommage prêté en 1644 au président de Chevrières, pour la terre de Larnage, par Henry Adhémar de Brunier, donne encore à celui-ci toutes ces qualifications.

Mais enfin Jean-Louis de Brunier renonça, le 21 février 1670, moyennant 4,000 livres, à tous ses droits et prétentions sur Aps et à la substitution de Bertrand Adhémar. Cette renonciation fut faite par transaction intervenue, devant Privat notaire, entre ledit Brunier et François de Castellane-Adhémar, archevêque d'Arles, Melchior de Polignac, abbé et baron de Montebourg, agissant en son nom et en celui du vicomte de Polignac son frère, François de La Baume, comte de Suze, et Louis-François de Montagut, vicomte de Beaune.

A quel titre le sieur de Montagut intervenait-il dans cette transaction ? L'analyse par trop sommaire que nous avons de cet acte ne nous éclaire pas sur ce point. Mais il est certain que les Montagut ne furent pas toujours en parfaite harmonie avec les comtes de Suze ; nous en avons la preuve dans les lettres de Louis XIV, de septembre 1655, pour Joachim de Montagut, baron de Bouzols, « contenant abolition du crime de duel commis par ce dernier contre le feu sieur comte de Suze, au pont de la Motte, près le Saint-Esprit ». Il paraît, d'autre part, qu'Aps échut aux Montagut. En effet, M. Henry Morin-Pons possède l'*Inventaire général des papiers, titres et documents des archives du château d'Aps*, acte important qui ne comprend pas moins d'un volume in-4° de 259 pages, et qui donne sommairement une bonne partie des documents utilisés dans notre présent travail ; or, cet inventaire fut fait, le 31 décembre 1750, pour Charles-Joachim-Laure et Anne-Joachim de Montagut, enfants mineurs de Joachim-Louis de Montagut, marquis de Bouzols, maréchal des camps et armées du roi, lieutenant-général au pays bas d'Auvergne et Combrailles (1).

Mais nous ignorons quels furent depuis lors jusqu'à 1790 les maîtres féodaux d'Aps, localité formant aujourd'hui une commune d'environ 1,500 habitants, accessible par les routes de Viviers et de Montélimar à Villeneuve-de-Berg et à Aubenas, et où l'on trouve encore les restes précieux et curieux de l'ancien château : nous voulons parler de cette lourde construction carrée, flanquée de tours rondes aux angles, dont l'importante masse est un spécimen remarquable de l'art au double point de vue féodal et militaire.

Avec cela, nous avons donné sur la baronnie et le comté d'Aps en général, et sur la localité d'Aps en particulier, tous les renseignements de quelque importance fournis par notre recueil de notes.

Achevons maintenant l'œuvre modeste que nous avons entreprise. Pour cela, réunissons sur chacun des fiefs dépendant de cette baronnie, avant ou après son érection en comté, toutes celles des notes du même recueil qui s'y rapportent.

Du reste, les faits relatés dans la partie concernant la baronnie, le comté et la localité d'Aps, n'ont que rarement été étrangers à ces fiefs dépendants et aux localités où ils étaient situés. Maintes fois le nom de ceux-ci est venu déjà sous notre plume. La seconde et dernière partie de notre travail a donc été en quelque sorte commencée. Elle se trouve du moins, par là, singulièrement facilitée.

AJOUX.

Cette localité est située au nord de la commune de Pourchères, canton de Privas (Ardèche). Elle figure dans les anciens titres sous le nom de *castrum de Aiaone* et de *mandamentum castri de Aiaone*, et formait déjà antérieurement à 1297 une dépendance de

---

(1) Minutes cit., *passim*. — Collection d'archives de M. Henry Morin-Pons, *passim*. — Pithon-Curt, *Histoire de la noblesse du Comtat-Venaissin*, t. I, pp. 130 et suiv. ; t. IV, pp. 31. — A. Lacroix, *L'arrondissement de Montélimar*, t. II, pp. 281-7 ; t. III, pp. 214-6 ; t. V, pp. 81-2. — Archives de la Drôme, E, 250 et 2590, et fonds de l'évêché de Die. — Chevalier et Lacroix, *Invent. des archives de M. Morin-Pons*, doss. généalog. Adhémar, nos 118, 136 et 139. — A. de Gallier, *Bullet. de la Société d'archéol. de la Drôme*. t. VI, pp. 345-6. — Marquis de Boisgelin, *Généalogie* cit., pp. 35-46.

la baronnie d'Aps. En effet, le *château d'Ajou* est compris parmi
les biens que Blonde des Deux-Chiens donna le 13 juin de ladite
année, par acte reçu Bernard de Grignan, notaire, à Giraud
Adhémar son fils, émancipé le même jour.

Un acte du 27 août 1330, reçu Vidal Fiancé, notaire, nous
apprend que ce jour-là Giraud Adhémar de Grignan reçut l'hommage et la reconnaissance en fief de noble Hugues de Fourchade,
damoiseau, pour ce qu'il tenait en parerie avec ledit seigneur
Giraud au château d'Ajoux ; il nous apprend aussi que Giraud
tenait sa parerie de seigneurie audit château d'Ajoux, d'Aymar de
Poitiers, comte de Valentinois, qui, par amour et considération,
lui avait remis toute justice et directe au même château.

Par acte du 14 mai 1332, reçu Jean Nicolas dit Pellissier, notaire, noble Giraud Adhémar de Grignan, seigneur d'Aps, parier
et seigneur majeur du château d'Ajoux, et noble Hugues de Fourchade, aussi coseigneur d'Ajoux, traitent sur « leurs droits audit
château et son mandement », et ledit Hugues de Fourchade remet
audit Giraud Adhémar, comme haut seigneur, les clefs dudit
château (1). Hugues *de Furcata* était coseigneur d'Ajoux le 22
juillet 1360.

Le 17 janvier de l'an de l'Incarnation 1351, par conséquent de
1352 selon notre système chronologique actuel, Giraud Adhémar,
seigneur des baronnies de Grignan et d'Aps, reçoit l'hommage
lige de noble Armand d'Avisents, damoiseau de St-Pons, diocèse
de Viviers, et, en retour, fait au même noble Armand donation
entre vifs de six sétérées de seigle de cense et de revenu avec directe seigneurie dans le mandement du château d'Ajoux (2).

---

(1) Archives Morin-Pons, notes.
(2) « Homagium domini Graynhani sibi factum per Armandum de Avisent(is).
» ... Anno Incarnationis ejusdem Domini m° ccc° lj° et die xvjjª mensis januarii, constitutus in presen. magnifici et potentis viri Gir. Adem., baron. Graynh.
et Alpium domini, ac eciam mei notarii et testium infrascriptor., Armandus de
Avisent., domicellus de Sancto Poncio, Vivarien. dioc......, per se et suos heredes
et imposterum quoscumque successores fecit dicto domino Graynh. et Alpium
recipienti pro se et suis heredib. et imperpetuum quibuscumq. successorib. homagium ligium cum sacramento fidelitatis et capitulorum contentorum in eodem,
promictens dictus nobilis Armandus sub suo juramento infrascripto quod homagium ligium nemini alii unquam fecit nec faciet infuturum nisi soli domino
Graynh. et Alpium prelibato aut heredibus et successoribus ejusdem in terra seu
terris Graynhani et Alpium predict., et promisit ec(iam) dicto domino Graynh¹
et de Alpibus et suis perpetuo successorib. bonus, legalis et fidelis vassellus
existere et servare illa sex capitula que in sacramento fidelitatis continentur, vi-

Nous voilà à peu près informés des conditions de la seigneurie du baron d'Aps dans le territoire d'Ajoux. L'acte suivant nous fixera sur l'importance des revenus que le même baron y percevait.

Le 26 août 1355, Giraud Adhémar, seigneur de Grignan, d'Aps et du lieu d'Ajoux, affermait pour trois ans à Ponce du Vernet, habitant de Privas, tous les fruits et revenus de son château d'Ajoux, au prix de 140 florins d'or du poids de Piémont pour les trois ans ensemble (1).

delicet *incolumen, tutum, honestum, utile, facile, possibile*, et valenciam ac auxilium facere de rebus infrascriptis sibi per dictum dominum donatis et de persona propria contra omnes personas, et recognicionem seu recogniciones et homag. similes facere in qualibet mutacione domini vel vassalli, et reliqua facere et dicere ac prestare que alii nobiles terre sive terrarum et juridiction. Graynh[i] et Alpium predict. facere, dicere et prestare tenentur et debent. Et dictum homagium ligium fecit dictus nobilis Armandus prefato domino, recipienti ut supra, stando pedes, junctis manibus et complozis inter manus dicti domini, oris ac pacis osculum inter se ad invicem tribuendo. Et ita attendere... sub expressa obligatione omnium bonor. suor. mobilium et immobil., presen. et futuror. dictus nobilis Armandus per se et suos perpetuo heredes et successor. promisit et super sancta Dei euvangelia ab eo corporaliter sponte tacta juravit, cum omni sollempnit. et renunciat. juris et facti super hiis adhibita pariter et cauthela. Deinde prenominatur dominus noster Graynhani et de Alpibus..., volens et cupiens predictum nobilem Armandum meliorare, in recompensacionem homagii memorati, per se et suos heredes ac imposterum successores quoscunque, eidem, nobili Armando presenti et recipienti pro se et suis heredib. et imperpetuum successorib. quibuscunque, dedit, donavit, cessit, concessit donatione pura, simplici et irrevocabili que fit... inter vivos, scilicet sex sextar. siliginis censuales et reddituales cum directo dominio in mandamento seu in mandamentis castri de Aiaone et in loco predicto et condecenti, que eciam promisit dicto nobili Armando ut supra juxta et ad arbitrium nobilis viri Berengarii Arcoleni, domini Mercoyracii, bayllivi sui, et que ec(iam) sex sextar. Siliginis censuales et reddituales sibi ut premittitur donatas et concessas per dictum dominum Graynh[i] idem nobilis Armandus confessus fuit palam et publice recognovit se tenere in francum feudum pro dicto domino Graynh[i]. De quibus omnibus... pecierunt sibi fieri publicum instrumentum per me notar... et ita fieri... concesserunt. Acta fuerunt hec Montissecuri, in fortalicio, videlicet in aula, testib. presentib. nobilibus Berengario Arcoleni, Marcono Chapussii, Bertrando de Blacozio, Guillelmo de Montesecuro, Giraudo de Graynh°. » (Minut. cit., reg. côté *Magnam*, f. xiiij v°.)

(1) « Arrendacio reddituum castri de Aiaone.

» ... Anno Incarnat. dominice m° ccc° quinquagesimo quinto, et die videlicet xxj[a] mens. augusti, constitutus magnificus et potens vir Gir. Adem. domin. Graynh. et de Alpibus ac loci Aiaonis, Dien. et Vivarien. dyoc., ipse inquam dictus dominus... per se et suos hered. perpetuo et successores quoscunque vendidit et titulo pure, perfecte et irrevocabilis vendicionis tradidit et concessit... magistro Poncio de Verneto, habit(atori) Privacii, presenti, ementi pro se et suis heredib. et successorib. quibuscunque stipulan. sollempniter et recipien. videlicet omnes fructus, redditus, proventus, gausidas, obvenciones, perceptiones et eventicia quoscunque, quascunque et quecunque castri sui dicti domini de Aiaone ejusque territorii, mandamenti et districtus, dicte Vivarien. dioc., sint seu concistant dicti fructus, redditus, proventus, gauside seu percepciones in domibus, pratis, terris, vineis, ortis, nemoribus, patuis, pascuis, devesibus, pas-

Un des principaux chefs de ces revenus consistait dans une pension annuelle de 15 livres monnaie courante que les habitants d'Ajoux avaient l'habitude de faire en la fête de Tous les Saints, mais que le baron Giraud songeait à aliéner en 1358, comme le prouve une procuration pour ce faire donnée par lui, le 30 janvier de ladite année, à noble Guigues du Teil, seigneur de La Roche près Aps.

Cette pension fut-elle définitivement aliénée ? Si elle le fut, son capital servit-il à créer pour Giraud une nouvelle source de revenu unie aux autres de la seigneurie d'Ajoux ? Nous n'avons pas de document qui nous renseigne à cet égard ; mais il paraît bien que les revenus des Adhémar à Ajoux ne diminuèrent pas puisque ils étaient affermés en 1359 et 1360, non 46 florins d'or du poids de Piémont et quelques sous par an, mais 55 florins d'or moitié de poids de Florence, moitié du petit poids de Piémont (1). Il est

chis, vintenis, laudimiis, trezeniis, serviciis, scensibus et servitutibus bladorum, liguminum, pecunie seu pecuniarum et alia quacunque eventicia jura, et terciam partem inquestarum dicto domino pertinent. in dicto castro, territor(io) seu mandamento Aiaonis qualitercunque, videlicet a festo proxime preserito beati Johannis Babtiste in tribus annis proxime venient. continuis et completis seu complendis et per tres gausidas et percepciones, vendidit inquam dictus dominus per se et suos eidem emptori, presenti, stipulan. et recipien. ut supra predictos fructus, redditus, proventus, gausidas, obvenciones, percepciones et eventicia per tempus predictum precio et nomine precii septem viginti flor(en.) auri boni et fini legis et ponderis Pedemont(is) solvendorum per soluciones et tempora infrascriptas et infrascripta, videlicet, incontinenti ad solam et primam simplicem requisicionem dicti domini vel suorum aut alterius ejus certi nuncii vel procuratoris septuaginta et quinque flor(en.) auri legis et ponderis supradicti, et a festo proxime futuro Nativitatis Domini in unum annum viginti quinque flor(en.) auri, et a dicta solucione se[u] a dicto festo Nativitatis Domini in unum alium annum anno revoluto alios viginti quinque florenos auri, et in festo beati Johannis Babtiste ultimo anno et ultima percepcione dictor. fructuum reddituum, proventionum, gausidarum, obvencionum, percepcionum et eventiciarum quindecim floren. auri legis et ponderis supradictorum. Si vero predicti fructus........ Acta fuerunt hec Graynhani, in fortalicio, testibus presentibus nobilibus Petro de Camareto dicti loci, Bernardo Dalphini, Guillelmo de Vilario, domino Guillelmo Corenhi presbitero. » (Minut. cit., reg. coté *Magnam*, f. xlix r° et v°).

(1) Minut. cit., reg. *Secundum*, f. 27.

Le 14 décembre 1359. « nobilis Berengar. Arcoleni, dominus Mercoyracii..... procuratorio nomine... Giraudi Adheym. militis, domini baroniarum Gray. et Alpium..., nomine dicti domini Giraudi Adh. dom. baron. Gray. et Alp. condominique castri et mandamenti de Aiaone, vendidit, arendavit et assenssavit magistro Pon. de Verneto not°, habitat. castri de Privacio, a festo prox. venien. b. Joh. Bab^{te} in duobus annis et per duas percepciones numerandis et percipiendis, videlicet omnes et singulos redditus dicti domini Giraudi, oventiones, percepciones, yssidas, gausidas, et alias res eventicias quoscunque et quascunque quos, que et quas habet dictus dominus Giraudus... in castro et mandamento de Aiaone seu pertinentjarum ejusdem per tempus dictorum duor. annor.. sint

vrai que, pour décider la chose, il faudrait savoir au juste la valeur de ces diverses sortes de florins.

Des actes de 1360, 1361 et 1364 nous font connaître quelques-uns des tenanciers et hommes liges que le baron d'Aps avait alors dans le mandement d'Ajoux (1). Ils nomment comme tels Bertrand Fame (2), Simon Sabatier (3), Raymond de Fortou (4), et noble Pierre de Charrière (5).

blada, avena, pecunia, polhalha, fena, banna, polveratgia, et duas partes laudimiorum qualitercunque eveniant seu evenire possint per tempus predictum dictor. duor. annor. et per dictar. duarum perceptionum tempus predictum personis quibuscunque, et eciam duas partes juridictionis inquestarum, oblationum et aliarum rerum eventiciarum quarumcunque personas ; et hoc precio et nomine precii in universo centum et decem florenos auri, videlicet quinquaginta quinque florenor. auri boni ponderis de Florencia, et quinquaginta quinque flor. auri parvi ponderis de Pedemont... Acta... apud Villamnovam de Berco, in hospicio ipsius nobilis Bereng. Arcoleni, presentibus testibus nobili Guihenneto de Fortovo bajulo de Aiaone... et me Fulcone Chabrerii, publico auctoritate domini episcopi Vivarien. notario...

« Postque, anno quo supra et nona mensis januarii, magnificus et potens vir dom. Giraudus Adheym. dominus baroniar. Graynh. et Alpium, condominusque et major castri et mandamenti de Aiaone, audita notula et venditione predicta, de verbo ad verbum romana lingua sibi lecta, ea omnia in dicta notula contenta... approbavit... et confirmavit... Acta fuerunt hec apud Graynhanum, infra fortalicium dicti castri, testibus presentibus nobilib. viris Bereng. Arcoleni domino Mercoyracii, Mileto de Aldifredo, Guihenneto de Fortovo, domino Petro Prachau presbitero, et me Fulcone Chabrerii, publico auctoritate imperiali et dicti domini etc. not°, qui etc. » (Minut. cit., reg. *Aps*, ff. 81 v°-86 v°.)

Aussitôt le contrat approuvé, le même jour et au même lieu, Ponce de Vernet remit au baron Giraud les 55 florins d'or du poids de Florence qui constituaient la première paye du prix de ferme. (Minut. cit., reg. *Aps*, ff. 87-9.)

(1) Dans ce mandement était alors le prieuré de Pourchères. En effet, le 3 avril 1359. « dominus Guillelmus Portali, canonicus ordinis Charasii, prior prioratus de Porcheriis, mandament. Aiaonis, Vivar. dyoc., gratis, sponte, cum juramento, sub obligatione omnium bonorum et dicti sui prioratus presen. et futuror... promisit michi notario infrascripto ut persone publice, presenti, stipulanti sollempniter et recipienti nomine et vice nobilis Johannis de Chambaron, habitat. de Chantamerulis, solvere dicto nobili Johanni, in proximo festo appostolorum Philippi et Jacobi, viginti solidos tur. monete talis quod unus florenus auri boni ponderis valeat xx^{ti} solidos et econversso... Acta fuerunt hec apud Alpes, in curte Guill^{i} Ayraudi, t(est.) p(resent.) dominis Guill° et Petro de Tilio canonicis Charasii, Hugone et Petro Bocherii, et me Fulc. Chabrerii... » (Minut. cit., reg. *Aps*, f. vj v .)

(2) Le 22 juillet 1360, Bérenger Arcolen, procureur de Giraud Adhémar, donne une investiture à Bertrand Fame, d'Ajou. L'acte, fait au Maupas, mandement d'Ajou, eut pour témoin « dominus Hugo de Furchata, miles, condominus Aiaonis. » (Minut. cit., reg. coté *Aps*, ff. 97-9.)

(3) Le 31 août 1360, « Sismondus Sabaterii, de Privacio. nunc habitator loci de Malopassu, mandamenti castri de Aiaone, Vivarien. dyoc., » fut investi par noble « Berengar. Arcoleni, domin. Mercoyracii, bayliv. et procurat. magnifici et pot. viri dom. Gir. Adeym. domini baroniar, Gray et Alpium, » de « quoddam hospicium sive planicies aut peda hospicii scit. in loco de Malopassu, manda-

Après cela, nous trouvons encore en 1371 les revenus d'Ajoux parmi ceux de la baronnie d'Aps que Giraud Adhémar cédait à Bertrand de Taulignan, seigneur de Cléon-d'Andran, pendant

menti Aiaonis, confron. ab. una parte cum hospicio Hug. de Malopassu condam, » tenu « pro nobili et pot. viro dom. Gir. Adeym. predicto in emphiteosim... » Et aussitôt led. *Sabaterii* fit hommage lige aud. Gir. Adhém., représenté par Bérenger *Arcoleni*. « Acta fuerunt hec apud Bleysacum in mandamento Aiaonis, in hospicio nobil. Guih. de Fortovo... » (Reg. *Aps*, ff. 94-6.)

(4) Le 3 janvier 1362, « Raymundus de Fortovo, domicellus, de Aiaone, in presentia viri nobilis et potent. domini Giraudi Adem., militis, domini Gray. et de Alpibus..., pro se et heredibus et successoribus suis inperpetuum quibuscunque, confessus fuit et in veritate publice recognovit... nobili et pot. viro domino Gir. Adem. predicto stipul. soll. et recipien(ti) pro se et heredib. et successorib. suis inperpetuum quibuscunque, predecessores ipsius Raymundi ab antiquo tenuisse et tenere debuisse et recognovisse a predecessoribus ipsius nobilis domini Giraudi, et ipsum Raymundum et successores suos tenere, tenere debere et velle, a predicto nobili domino Giraudo et a suis inperpetuum successor., in feudum francum, hospicium suum scitum in manso de Blaysaco cum omnib. jurib. et pertinen. que et quos havet seu habere visus est in dicto manso seu alius seu alii pro eo seu ejus nomine habent, tenent seu possident; item, medietatem indivisam mansi de Ruerlhas cum hominibus et omnibus aliis... que habet id. Raymundus seu habere visus est in dicto manso de Ruerlhs seu alius seu alii pro eo seu ejus nomine habent .. ; item, sextam partem indivisam mansi de Chassanhis, et generaliter quitquid id Raym. de Fortovo habet... seu alii pro eo vel ejus nomine, in dicto castro de Aiaone et ejus mandamento, territorio et districtu, sint homines, mulieres, scensus, servitia, servitutes, hospicia, vince, orti, prata, nemora, deffenssa, pascua, terre culte vel inculte, seu quecunque alia. Pro quo quidem feudo et ratione dicti feudi prefatus Raym. de Fortovo, pro se et suis heredib. et successor. inposterum quibuscunque recipienti et soll. stipulanti homagium ligium fecit stans pedes, manibus ipsius Raymundi inter manus predicti nobilis domini Giraudi inclusis, oris ac pacis osculo subsecuto et fidelitatem juravit cum omnib. et singulis capitulis que sub fidelitatis juramento continentur. Promittens et recognoscens predictus Raym. predictum nobil. dom. Giraudum et success. suos juvare et juvare debere de placito et de guerra contra quascunque personas, cujuscunq. conditionis existant vel fuerint infuturum, prout alii nobiles terre de Alpibus predictum nobilem juvarent seu juvare tenentur... Acta fuer. hec Graynhani, in fortalicio dicti loci... » (Minut. cit., reg. *Semper*, f. 11 v°-12 v°.)

(5) « ... Anno Incarnationis Domini milles° ccc lx° tercio, et die xviij° mens. februarii..., nobilis Petrus de Charreria, de Sauzeto, ut pater et legitimus administrator Katerine filie sue, in presencia viri nobilis et potentis dom. Giraudi Adhem., milit., domini baroniar. Greynhani et de Alpibus... pro se et heredib. et successorib. suis imperpetuum quibuscunque confessus fuit et in veritate publice recognovit... nobili et potenti viro domino Giraudo Adh., militi, domino Greyn. et de Alpibus predicto, stipulanti soll. et recipienti pro se et heredib. et successor. suis imperpetuum quibuscunque, predecessores ipsius Petri ab antiquo tenuisse et tenere debuisse et recognovisse a predecessoribus ipsius domini Giraudi, et ipsum Petrum de Charreria et successores suos tenere, tenere debere et velle a predicto domino Giraudo et suis imperpetuum successoribus, in feudum francum quicquid idem Petrus quo supra nomine habet, tenet seu possidet, seu alius seu alii pro eo seu ejus nomine, in mansis de Follcheto et del Cavalhio, et quicquid id. Petrus habet seu possidet, seu alius seu alii pro eo seu ejus nomine, in mandamento castri de Aiaone. sint homines. mulieres, hospitia, vince, terre

trois ans, et même plus longtemps, s'il le fallait, pour l'entier payement de 1.500 florins d'or encore dus à Bertrand pour la dot de Garsende Adhémar.

Puis, sauf la reconnaissance en fief franc et l'hommage lige faits par Bertrand de Charrière, de Sauzet, à Giraud Adhémar, le 29 mai 1375, pour le fief hommage par Pierre de Charrière en 1364 (1), nous n'avons plus de documents qui nous renseignent sur le sort et les possesseurs de la seigneurie d'Ajoux.

AUBIGNAS

Il y a très peu de fiefs existant au XIIe siècle qui n'aient donné leur nom à une famille. Il y a très peu de familles portant au XIIe, au XIIIe, et même au XIVe siècles le nom d'un fief, qui n'aient pendant quelque temps possédé, d'une manière plus ou moins exclusive le domaine utile de ce fief, et habité le château ordinairement élevé au chef-lieu de ce même fief.

Nul doute pour nous qu'Aubignas n'ait été au XIe siècle un fief ayant dès lors son château et son seigneur particulier, relevant du haut domaine, de la suzeraineté presque souveraine des hauts seigneurs d'Aps.

Dès lors, si nous trouvons au XIIe, au XIIIe ou seulement au XIVe siècle, une famille portant le nom d'Aubignas, nous pouvons avec toute vraisemblance la regarder comme ayant eu le domaine utile,

---

culte vel inculte, prata, devesia, nemora. orti, census, servitia. esplechie, vel alia quecunque; pro quo quidem feudo et ratione dicti feudi predictus nobilis Petrus de Charreria, nomine quo supra. pro se et suis her. et successorib. infuturum, predicto dom. Giraudo, ut supra stipulanti, homagium ligium fecit stans pedibus inclusis suis manibus inter manus dicti dom. Giraudi, oris osculo subsequto, et fidelitatem juravit cum omnibus et singulis capitulis que sub fidelitatis sacramento continentur; hoc acto et convento inter dictum dom. Giraudum ex una parte, et dictum Petrum, quo supra nomine, ex parte altera, quod, si contingebat dictum Petrum duos filios habere et antequam maritaretur dicta filia sua, quod unus ex dictis filiis homagium et recognitionem prout supra continetur teneatur facere pro predictis et in eis succedere; promittens et recognoscens dictus nobilis Petrus predictum dominum Giraudum et suos juvare et juvare debere de placito et de guerra de persona et feudo predicto contra quascunque personas cujuscunque conditionis exsistant seu fuerint infuturum. Promittens ulterius... similem recognitionem facere... preflato domino... in qualibet mutatione domini vel vassalli...... Actum Greynhani in fortalicio, testib. presentib. Johanne Ademar. fratre dicti domini Giraudi, Guillelmo de Salis domicello, Poncio de Ivers de Chamareto, et me P. B[arasti] etc. » (Minut. cit., reg. Semper, f. 20.)

(1) Minut. cit., reg. Semper, f. 93.

la seigneurie inférieure de la localité dont nous avons maintenant à nous occuper.

Nous ne savons si des documents manuscrits ou des historiens révèlent positivement l'existence de membres de la famille d'Aubignas au xiᵉ ou au xiiᵉ siècles. Mais, à nous en tenir uniquement aux sources dont notre présent travail a l'utilisation pour but, il nous est facile de mentionner pour le xiiiᵉ siècle, pour le xivᵉ et pour plus tard des membres de cette même famille. Il est vrai que leur situation de fortune suppose quelque déchéance chez celle-ci ; mais cette déchéance, qui n'a absolument rien de surprenant, était loin d'être complète. Les Aubignas dont nous allons dire les noms et retracer quelques souvenirs conservaient encore, avec la noblesse, un rang élevé, et de précieux restes de la fortune de leurs aïeux.

Le premier d'entre eux dont l'existence soit expressément marquée dans nos documents est Guillaume d'Aubignas, décédé antérieurement au 8 des ides d'août 1291.

Le jour susdit, par conséquent le 6 août de ladite année, Béatrix, sa veuve, et Raymond d'Aubignas, son fils, vendirent au seigneur Giraud Adhémar de Monteil la sixième partie de ce qu'ils avaient et percevaient au *port de la Pierre*, avec leurs droits et appartenances. L'acte fut reçu par Henri de Monteil, notaire.

Le 24 février de l'an 1318, ou plutôt de l'an 1318 à notre manière actuelle de compter, Ponce d'Aubignas, damoiseau d'Aps, fit reconnaissance en fief et hommage à noble et puissant Giraud Adhémar, pour tout ce qu'il tenait au château et mandement d'Aps. L'acte fut reçu par le notaire Chapus.

En juin 1344, Aymar d'Aubignas figure avec d'autres gentilshommes parmi les procureurs chargés d'aider dans l'administration et la défense des biens de feu Giraud Adhémar, seigneur de Grignan et d'Aps, dame Décane d'Uzès, veuve de celui-ci et tutrice de leurs enfants mineurs.

Un acte du 9 mars 1356 (n. s.) fait à Aubignas, eut pour témoin *noble Ponce d'Aubignas*. Est-ce là le *noble Ponce d'Aubignas* qu'un acte du 3 mai 1357, que nous donnerons plus loin, suppose alors décédé (puisqu'il fut fait *in domo heredum nobilis Pon. de Albinh*") ? Nous ne pouvons le garantir. En tout cas, un autre acte, fait peu de temps avant ce dernier et dont nous avons déjà donné plus haut en note le texte tronqué, nous signale *Pon. de Albinhaco alias Gastant, et Petrus ejus filius*, parmi les hommes d'Aps qui firent alors hommage à Giraud Adhémar. D'autre part, une note de Moulinet, tirée de l'*Inventaire d'Aps*, nous montre Luquette d'Aubignas mariée à noble Reymond de Viusenas, et faisant avec ce dernier, le 27 mai 1356, à Giraud Adhémar baron d'Aps hommage et reconnaissance en fief pour tout ce qu'ils tenaient de lui à Aps ou dans son mandement. De plus, Siboude d'Aubignas était mariée « au seigneur Pierre Bonnet de la Champ-Raphaël » avant le 22 février 1364 (n. s.), et, ce même jour, ces deux époux faisaient à Giraud baron d'Aps hommage et reconnaissance en fief pour tout ce qu'ils avaient ou que d'autres tenaient d'eux au terroir et mandement d'Aps ; c'est ce que nous apprend un acte reçu par Pierre Alliaud, notaire.

En 1384, le 10 janvier (n. s.), Catherine d'Aubignas, fille et héritière des biens de noble Aymar d'Aubignas, avait pour mari noble et vénérable homme Étienne de Brune, de Largentière. A cette date, ce dernier faisait, à titre de mari de Catherine, au baron d'Aps, reconnaissance en fief franc et noble pour divers biens de sadite femme à Aubignas ou dans son mandement (1).

(1) « *Recognitio domini Stephani de Bruna.* »
« *In nomine Domini, Amen. Noverint... quod, anno Incarnationis ejusd. Domini m° ccc° octuagesimo tertio, die X januarii, constitus nobilis et ven(er.) vir Stephanus de Bruna, de Argent(eria), tanquam maritus sive conjunta persona Catherine, uxoris sue, filie et succedent. bonorum et heredit(at.) nobilis Adhémarii de Albiniaco, dicti loci, patris ipsius Catherine cond(am), Vivar(ien.) dioc(es.), in presentia nobilis et potentis viri domini Guioti Adhem(arii), domini Alpium et baronie, presente et consentiente nobili et potenti viro Giraudo Adeymarii, domino Graynhani, curatore dicti domini Guioti et auctoritatem ad omnia et singula infrascripta prestante, gratis et ex certa sua scientia..., pro se et hered. et successorib. suis et dicte Catherine imperpetuum quibuscunque, confessus fuit et in veritate publice recognovit, coram me not° et testib. infrascriptis, nobili et potenti viro domino Guioto Adhem., domino Alpium et ejus baronie, stipulanti sollempniter et recipienti pro se et heredib. et successorib. suis imperpetuum quibuscunque, predecessores ipsius Catherine ab antiquo tenuisse et tenere debuisse et recognovisse a predecessoribus ipsius nobilis domini Guioti, et ipsam Catherinam de Albiniaco et*

Enfin, le 9 janvier 1521, noble Louis d'Aubignas faisait reconnaissance en fief et hommage à Louis Adhémar, seigneur d'Aps,

successores suos tenere et tenere debere et velle a predicto nobili domino Guioto, et a suis imperpetuum successoribus, in feudum francum et nobilem quidquid dicta Catherina habet, tenet seu possidet, habere, tenere seu possidere visa est seu alii pro ea seu ejus nomine, in predicto castro de Albiniaco et toto ejus mandamento, territorio et districtu, exceptis hiis que ipsa Catherina tenet in ephiteosin a dicto nobili domino Guioto vel aliis quibuscunque in feudum francum vel in ephiteosin in dicto castro seu ejus mandamento. Exceptis hiis que dicta Catherina habet vel alii pro ea in manso de Rabayas, qui mansus confron(t.) cum rivo Marcherii et cum via qua itur de Albiniaco versus Melasium, et cum terra Petri Richardi alias Chala ; et exceptis hiis que secuntur : videlicet quibusdam hospiciis scitis in dicto castro que confrontantur a parte boree cum hospicio Petri Gauterii quondam, et a parte venti cum hospicio ipsius Catherine de Albiniaco ; item et quandam terram quam tenent Pon(cius) et Pe(trus) Gaudini fratres in ephiteosin a dicta nobili Catherina, scit. in territor. Viridar(ii), confron(t.) ab una parte cum via qua itur de Albiniaco versus Malasium et cum terra dictorum Pon. et Pe Gaudini fratrum ; et ude seslerio frumenti censualt quod percipiunt cum Clementia Richarda pro quibusdam terra et domo scitis in territorio Viridarii, confron(t.) cum terra ipsius Clement(ie) et cum via qua itur de Albiniaco versus Malasium et cum terra Pon. et Petri Gaudini ; et quator sivaderia frumenti censual. que percipt, ut dicit ; Chayelli et Petrus la Rouveira pro quibusdam hospiciis scitis apud Albinassium confron(t.) cum furno dicti loci et cum hospiciis Clementie Richarde ; et duobus civateriis frumenti censualibus quos dicit se percipere cum Clemencia Richarda filia Michaelis Richardi pro quibusdam hospiciis sc'iis in dicto castro Albiniacii, confron(t.) cum hospic, Petri la Rouvera , item duobus denar. censual. quos percipt super quibusdam hospiciis ut dicitur que fuerunt Petri Gauterii filii Guillelmi, scitis in dicto castro Albiniassii, confron(t.) cum careria publica dicti loci et cum hospiciis Joh. et Petri Asterii fratrum. Item, confessus fuit dictus nobilis Steph. de Bruna, nomine dicte nobilis Catherine uxoris sue, modo et forma quibus supra, se tenere et tenere debere et velle et predecessores suos tenuisse a predicto nobili domino Guioto Adhem. et suis an(te)cessoribus tenuisse in feudum francum quidquid nobilis Catherina habet, tenet, seu possidet, habere, tenere seu possidere visa est seu debet, seu alius seu alii pro ea seu ejus nomine in castro mandamento territor. dicti castri de Alpibus, excepto quod. feudo quod tenet ut dicit(ur) a nobilibus Bert. de Tilio et hered. Petri in territor. Rausci ; pro quibus quidem feudis et ratione dictorum feudorum dictus nobilis Stephanus de Bruna, nomine suo et nomine dicte Ca-

pour tout ce qu'il tenait, et que d'autres tenaient de lui, dans le lieu, territoire et district de Saint-Pons. L'acte fut reçu par Claude Barbier, notaire (1).

Et c'est tout ce que nos documents nous apprennent de la famille à laquelle Aubignas avait donné son nom, et des possessions de cette famille à Aubignas et dans le voisinage. Revenons maintenant au fief lui-même, pour indiquer les autres familles qui le possédèrent.

Ce fief nous est connu dès 1247, par la donation que Pons de Deux Chiens fit, le 18 décembre de ladite année, des châteaux d'Aubignas et de Sceautres avec leurs mandements, à Giraud

therine, uxoris sue, et ut conjuncta persona et dominus rei dotalis, et suor. heredum et successorum, dicto nobili domino Guioto ut supra stipul. et recipienti, homagium ligium fecit stans pedes inclausis suis manibus inter manus dicti nobilis domini Guioti, oris osculos subseculo,, et fidelitat. juravit cum omnibus et singulis capitulis que sub fidelitatis sacramento continentur ; promitens et recognoscens dictus nobilis Steph., nomine suo et nomine quo supra dicte. Cater. uxor. sue predictum nobilem dominum Guiotum et suos jurare et et. juvare debere et suos de placito et de guerra (addition : motis ac movendis pro feudo predicto, et hoc) de persona pro feudis predictis, contra quascunque personas cujuscunq. conditionis existant seu fuerint in futur[um] ; promitens ulterius et recognoscens facere et suos facere debere prefato nobili domino Guioto et suis in posterum successoribus in qualibet mutatione domini vel vasselli similem recognitionem. Renuncians super hiis dictus nobilis Stephanus omni actioni et exceptioni doli, vis, metus et in factum, errori facti et ignorantie juris, et generaliter omni alii juri canonico et civili.... omnique usui et consuetudini omnique alii benefic. privileg. quo vel quibus contra predicta vel predictorum aliqua posset facere vel venire. De quibus omnibus et singulis utraque pars peciit sibi fieri publicum instrumentum per me notar. publicum infranscriptum. Actum Graynhani, in fortalicio, in aula majori, testentibus presentibus nobilibus viri, domino Adeomario Adeymarii monacho, Yvono Adeymarii, fratribus, Poncio Juliani, de Argentaria, Bertrando de Blacosio, de Graynhano, Gaucherio de Tilio al(ias) de Podio Grosso, et me Petro Barasti. »

En marge de la note originale même de cet acte, le notaire a écrit ces mots : « Factum est instrumentum pro parte nobilis Stephani. »

(Minut. cit., reg. côté Semper. ff. 23-4.)

1) Arch., Morin-Pons, *passim*. — Minut. cit., *passim*.

Adhémar, seigneur de Monteil. L'acte fut reçu par Pierre Dupuy, notaire de Viviers (1).

Le château d'Aubignas, avec tout ce que Blonde de Deux-Chiens possédait dans ce château et son mandement figure ensuite parmi les châteaux et autres biens donnés le 13 juin 1297, par cette dame, à Giraud Adhémar, son fils émancipé.

Depuis lors, Aubignas et son fief apparaissent dans une foule d'actes. Le jeudi après Pâques de l'an 1299, « Blonde d'Aps fait hommage et reconnaissance en fief franc à l'évêque de Viviers, pour le mandement et forteresse d'Aubignas ; » l'acte est reçu par « Salomon de Cheriac, notaire. » Le 22 octobre 1300, « noble Giraud Adhémar seigneur d'Aubignas, fait bail à nouveau cens d'un jardin à Aubignas ; » l'acte est reçu par Pierre Chapus, notaire. Le 6 novembre 1303, ce seigneur et Blonde, sa femme, accordent des libertés et franchises à leurs vassaux de ce lieu.

En 1317, le mardi après la Nativité de Notre-Dame, « puissant seigneur Giraud Adhémar et noble Blonde de Deux-Chiens, mariés, seigneur et dame d'Aps et d'Aubignas, reçoivent les hommages en fief de divers particuliers ; » l'acte est reçu par Pierre Chapus, notaire. Le dernier jour de février 1319, par acte du même notaire, noble Giraud Adhémar, baron d'Aps, reçoit la reconnaissance en fief et l'hommage de Guigues de la Beaume, damoiseau, « à raison des libertés et franchise que ce dernier a dans le lieu d'Aubinas, le quart du baillage, etc. » Le 25 août 1333, noble et puissant seigneur Giraud Adhémar, seigneur d'Aps et d'Aubignas, prête lui-même, par acte reçu Sobrand, notaire, hommage à l'évêque de Viviers pour le château d'Aubignas (1).

Le 16 janvier 1340, par acte reçu, Pierre Chapus, notaire, Pierre Gaudin, d'Aubignas (*de Albinhacio*), fait reconnaissance pour des terres situées dans le mandement dudit lieu, à Giraud Adhémar, seigneur des baronnies de Grignan et d'Aps (2) ; et, le 12 juillet 1344, dame Dalmace d'Uzès, alors veuve de ce seigneur et légataire de l'administration et de l'usufruit des biens de son défunt mari, fait hommage, par acte reçu, Jacques de Crest, notaire, « à l'évêque de Viviers, pour le château et mandement d'Aubignas, ses forteresses, etc. »

(1) Archives Morin-Pons, notes.
(2) Minut. cit., reg. *Aps*, f. v.

D'après une note fournie par l'*Inventaire d'Aps*, au dire de Moulinet, « haut et puissant seigneur Giraud Adhémar, baron de Grignan et d'Aps, » aurait fait, par acte reçu « Falcon Chabrier » notaire, du 7 mai 1350, « une transaction avec ses vassaux d'Aubignas à raison des droits seigneuriaux (1). » Giraud était bien seigneur d'Aps et d'Aubignas en 1350, comme nous l'avons vu plus haut. Nul doute qu'il n'ait fait avec ses vassaux d'Aubignas la transaction mentionnée par l'*Inventaire d'Aps*. Mais, c'est du moins notre conviction, l'auteur de la note s'est trompé sur la date, en oubliant de mentionner le chiffre des unités de l'année, et le premier acte connu de ce seigneur en ce qui touche aux affaires d'Aubignas, est un bail emphythéotique fait le 9 mars 1355 (n. s.), par son procureur Jean Auvergnac, à Ponce et Raoul Gaudin frères, d'Aubignas, de certaines terres situées en ce lieu et restées aux mains du seigneur, faute d'héritiers qui voulussent les prendre et en payer le cens. Cet acte, fait à Aubignas même, dans l'habitation des héritiers de noble Pons Lacour, en présence de Jean Astier, de noble Ponce d'Aubignac, de Pierre Rouvier et d'autres, fut reçu par Falcon Chabrier, notaire.

La transaction dont nous avons parlé fut faite, non le 7 mai 1350, mais le 7 mai 1357, immédiatement après une transaction semblable faite par le même seigneur avec ses vassaux d'Aps, et sur laquelle nous avons donné plus haut des détails considérables. Ce n'est autre chose qu'une reconnaissance féodale des vassaux du lieu et une reconnaissance faite par Giraud Adhémar des droits de ses vassaux eux-mêmes (2).

(1) C'est sur la foi de la note en question que, privé d'un document original et précis que nous citerons plus loin et qui nous sert aujourd'hui de contrôle, nous avions en effet reporté l'acte en question au 7 mai 1350, dans un travail publié en 1881. (*Bullet. de la Soc. d'Archéol. de la Drôme*. XV, p. 65.

(2) Voici le texte fourni par le protocole original, dont les mots soulignés sont barrés d'un trait dans l'original, et où sont reproduites les croix mises après coup devant certains noms de cet original.

« (Anno) m · ii,° lvij, die vij mensis maii, etc., existentes personaliter infrascripti homines de Albinhacio coram nobili et potenti viro dom° Giraudo Adheymarii, milite, domino baroniarum Graynh^i et Alpium, et eciam coram me not° infrascript., et testium subscriptor. ad hec specialiter vocatorum et rogatorum, fecerunt homagium ligium et fidelitat. juramentum, et promiserunt eid. dom° Giraudo cum sex capitulis que in sacramento fidelitatis continentur, pro ipsis et eorum liberis et etiam eor. successorib. universis; obligando se et eorum bona presentia et futura, etc.

« Et p(rim)o † Jo. et Pe. Asterii fratres ; † it(em) Pe. Gauterii ; it. St(eph.) Gauterii ; † it. Barthol. de Quercu ; it. Jo. Bachini ; it. Jo. Lagarda ; it. Jo.

APS FÉODAL ET SES DÉPENDANCES 41

Après cela Giraud Adhémar figure comme seigneur d'Aubignas dans l'acte de l'investiture d'un fonds situé en ce lieu, donnée le 22 janvier 1358 par Foulques Chabrier, not^{re} et son procureur, à Ponce Rouvier, d'Aubignas ; dans un acte de diminution de cens accordée le 8 décembre 1358, par ce procureur, à Bertrand, Jeannet et Rixende, fils et fille de défunt Jean Cruas, d'Aubignas, pour fonds situés en ce lieu et endommagés par les eaux, acte suivi de reconnaissance des mêmes fonds sur le pied nouveau du cens, par ces tenanciers aud. seigneur ; et dans la reconnaissance de fief avec hommage que ce dernier reçut, le 28 juin 1359, de « Jeanne Dauché » pour ce qu'elle et sa mère tenaient à Aubignas et dans son mandement.

Mais le baron d'Aps n'était pas, alors du moins, le seul possesseur de directes à Aubignas. Le 14 mars 1359, Pierre Ansil, bayle de noble Guillaume de Roussas *(de Rossacio)*, investit Pélegrine, veuve de Guillaume Mathieu, d'Aubignas, d'un pré relevant de ce noble. Le 20 novembre de la même année, noble Jarenton *de Colans*, seigneur du château de la Balme, diocèse de Viviers *(castri de Balma, Vivar. dyoc.)*, et Bermond son fils, agis-

---

Gaudini ; it. Pon. et Radulphus Gaudini ; it. heredes Pon. Barnoyni ; it. Bertr. Jo. et Ricendis Curdacii *(sic. pour Crudacii)* ; † it. Pon. Gaudini ; † it. Guillelmus Gaudini ; it. heredes Michaell. Richardi ; † it. Pe. Asterii filius Raymundi ; † it. Armandus Crudacii ; it. † Raymundus, Bertr. et Pon. Borriani ; it. heredes Mathey de Quercu ; it. heredes Vincen. Assonis ; it. heredes Clemencie Laroveria ; it. Pe. Richart al(ias) Chalha ; it. Pon. Laroveria ; † it. Pe. Chazelli ; it. Pe. Chazelli filium Guillelmi ; † it. Berthoy Chalmerii ; † it. Jo. Chabassii ; it. heredes Petri Crudacii ; it. heredes Vincen. Roveria ; it. heredes Raymundi Roveria ; it. Biatris Asteria ; it. Raymundus Lamura ; it. heredes St(eph.) Asterii ; *it. Pe. Gaulerii* ; it. † Jo. Bruni, it. Jo. ejus filius ; it. Pe. de Crus ; it. heredes Pon. Espalla ; it. heredes Jo. Lavila ; it. heredes Guillⁱ Espala. tenet St(eph.) Richardi ; it. Raymundus Richardi ; † it. St(eph.) de Turno al. Lagarda ; it. Jo. de Turno al. Sorga ; it. heredes Jo. Espalla vecerii ; † it. Jo. Espalla ; † it. Raymundus Chabassii ; † it. Raymundus Michaellis ; † it. Vincen. Richardi ; it. Jo. Lachana ; it. heredes Guillⁱ Mathey ; it. heredes Jac. Lagarda ; it. heredes Bertr. Filiolis ; it. heredes Guillⁱ Dalmacii ; it. heredes Pon. Guigonis Mathey ; † it. Pe. Bruni ; it. heredes Pon. et Guillⁱ Chatberti ; † it. Michaellis d'Alchier ; † it. Pe. Assonis ; it. heredes Jo. Mathey superior(is) ; † it. Pe. Roverii ; † it. Pe. Ansilii ; † it. Hugonis Lacomba ; it. heredes Petri Laroveria ; † it. Mondeta relicta Pon. Chalveria ut tutrix Jo. et Chatarine liberorum suorum ; † it. Pe. Richardi filius Rodulphi ; it. Pon. Lagarda ; † it. Pe. Chabassii ; it. Gir(aud.) Lacosta ; it. Ayselina ux(or) Bertr. Vecerii ; it. Pe. Boriani ; it. Jo. Bruni filius Hug. ; † it. Jo. de Crus filius Petri de Crus.

« Acta fuerunt hec apud albinh^m, in hospicio heredum nobilis Pon. de Albinh^o, t. p. domino Petro Placheti, nobil. Mileto de Audefredo, Marono de Molayracio, et pluribus aliis. » (Minut. cit., reg. côté *Aps*, ff. non numérot., entre 16 et xxx.)

sant de l'autorité et volonté du père, donnent à emphytéose perpétuelle, à Pierre Chabas, des maisons situées dans le château d'Aubignas *(quedam hospicia scita infra castrum de Albinhacio)*. Ces nobles se réservèrent sur ces maisons le domaine direct ou directe seigneurie, le droit de lods, de prélation et de commis, ainsi qu'un cens annuel de 2 civayers de froment. Le même jour, les mêmes donnent à emphytéose perpétuelle à Pierre Anzil, d'Aubignas, divers fonds situés dans le mandement de ce lieu.

Le 20 novembre 1360, le baron d'Aps comprenait les revenus et fruits du château d'Aubignas parmi ceux qu'il cédait à Bertrand de Tournemire, pour payement de la dot de Cécile, femme dud. Bertrand ; et, le 8 février 1371, il en faisait autant en faveur de Bertrand de Taulignan, pour payement de la dot de Garsende Adhémar, femme de ce dernier. Mais, dans l'intervalle, le 16 juillet 1364, le même baron recevait l'hommage et la reconnaissance en fief de Pierre Alliaud, notaire d'Aps, pour les possessions de celui-ci dans les châteaux d'Aps et d'Aubignas ; l'acte était reçu par Giraud de Grignan, notaire.

Assez rares désormais dans nos documents sont les renseignements sur le fief d'Aubignas. Cependant nous trouvons au 24 novembre 1394, un traité de puissant seigneur Guyot Adhémar, baron d'Aps, avec les habitants d'Aps et d'Aubignas, par le moyen d'arbitres ; au 27 janvier 1433, (v. s.) un acte, reçu Pierre de Mercoyrol, not^{re}, par lequel Giraud Adhémar, alors baron d'Aps, reçoit la reconnaissance en fief et l'hommage de Guillaume Pellapra, habitant de Viviers, pour ce que celui-ci tient ou ce que d'autres tiennent de lui, dans les territoires et districts d'Aps, Aubignas et la Roche ; puis, au 4 janvier 1455, la confirmation, par Giraud Adhémar, baron d'Aps et d'Aubignas, fils émancipé d'autre, des libertés et franchises accordées le 6 novembre 1393 aux habitants d'Aubignas par le seigneur Giraud Adhémar et Blonde sa femme.

Le 18 avril 1504, Bertrand Adhémar, dans un dénombrement cité plus haut, montre qu'il a la seigneurie d'Aubignas. Louis Adhémar, dans un dénombrement du 1er septembre 1520, mentionne, à son tour, parmi ses biens, « la terre et seigneurie d'Aubignas » ; puis, le 29 janvier 1521, le même baron, par acte reçu Claude Barbier not^{re}, reçoit la reconnaissance en fief et l'hommage de noble Josseran de Giés, seigneur de Pampelonne, pour tout ce que celui-ci tient aux lieux et mandements d'Aps, la Roche près d'Aps et Aubignas ; enfin, le 7 janvier 1545, le même Louis Adhémar reçoit la reconnaissance en fief et l'hommage de noble Louis Stéraphy, d'Aubenas, pour tout ce que ce dernier tient ou ce que d'autres tiennent de lui dans les terroirs et mandements d'Aps, la Roche et Aubignas. Ce dernier acte fut reçu par Jean Barbier not°.

Après cela, il nous reste seulement à signaler sommairement sur Aubignas les dispositions testamentaires qu'en fit Louis Adhémar en 1552 et en 1557, les arrentements des revenus de cette seigneurie faits en 1554 et en 1558, la cession que Louis de Castellane-Adhémar fit de celle-ci en 1586 à Claudie de Fay et le transport que cette dame en fit à Françoise de Lévis, actes déjà tous relatés plus haut (1).

MERCOIRAS

Ce fief, qu'un auteur assure avoir fait partie du territoire que comprend aujourd'hui la paroisse de Valvignères, canton de Viviers (Ardèche), était possédé dès 1352 par noble Bérenger Arcolen.

Le 13 juin de ladite année ce personnage est qualifié à la fois de seigneur de Mercoiras *(dominus Mercoyracii)* et de bailli de la terre de Giraud Adhémar, seigneur de Grignan et d'Aps *(baylli-vus terre viri magnif. et potentis Gir. Adem., domini Gray. et de Alp.)*, dans un acte par lequel il demande et obtient de Giraud Adhémar, seigneur de Montélimar, que celui fasse jurer par les receveurs du péage de terre et d'eau de Montélimar de payer audit seigneur de Grignan ce qui lui en revient.

Nous avons de nombreux actes où Bérenger figure encore comme seigneur de Mercoiras. Le dernier en date lui donnant positivement ce titre est du 9 janvier 1360, à compter selon notre système chronologique actuel.

Cependant ce gentilhomme n'était pas seul à posséder des droits et biens à Mercoiras. Le 2 août 1352, noble Pierre Salivand faisait reconnaissance et hommage en fief au baron d'Aps, pour des propriétés à St-Andéol-de-Berg et à Mercoiras (2).

(1) Minut. cit. et arch. Morin-Pons, *passim*.
(2) Minut. cit. et Archiv. Morin-Pons, *passim*.

PALHIÈRES & LE SERRET

Dans la paroisse de Burzet, aujourd'hui chef-lieu de canton du département de l'Ardèche, se trouvaient au milieu du XIVe siècle deux manses ou tènements relevant de Giraud Adhémar, baron d'Aps. C'étaient les manses de *Palhières* et du *Serret*. Ils étaient alors possédés par la famille de Palhières. Le 16 novembre 1352, noble Bertrand de Palhières, frère et héritier de feu noble Guillaume, en fit reconnaissance en fief franc avec hommage lige au baron susdit (1).

Pas d'autre renseignement sur ces deux quartiers de Burzet.

ROCHE-D'APS

Le premier document que nous ayons sur ce fief, dont le nom suffit à indiquer la proximité par rapport à Aps, est une donation faite, le 27 mars 1240, de la douzième partie du fort de la Roche d'Aps, par Agnès, fille de Guigues de Rac, à Ponce de Deux-Chiens, seigneur d'Aps.

Le deuxième est l'hommage fait, en avril 1243, par Ponce de Deux-Chiens, à Agnès de Rac et à Ponce de la Baume, son mari, pour la douzième partie de la Roche d'Aps.

Le troisième est la donation faite, le 31 mars 1245, par Bertrand de Sceautres, fils de Bertrand et de Poncie de Rac, à Ponce de Deux-Chiens, de la huitième partie du château de la Roche d'Aps.

Le quatrième est la donation faite, le 22 avril 1249, au même Ponce, par Guillaume de la Tour, de la huitième partie du même château.

---

(1) « Recognitio nobilis Raymundi de Palheriis.

« Noverint... quod anno Incarnationis Domini mill° trecentesimo quinquagesimo secundo, videlicet sextadecima die mensis novembris, constitutus nobilis Raymundus de Palheriis, domicellus parrochie Beorseti, Vivarien. dyoc., frater et heres ut dicebat, nobilis Guill' de Palheriis condam, in presen. viri nobilis et potentis Giraudi Ademarii, domini castri et baronie de Alpibus, non errans in aliquo nec deceptus, non vi, non dolo aut machinatione aliqua inductus vel seductus, de facto certus et de jure certifficatus plenius et istructus, et quia, ut dicebat, rei veritas sic se habet, pro se et heredibus et successoribus suis imperpetuum quibuscunque, confessus fuit et in veritate publice recognovit coram me not et testib. infrascriptis, nobili et potenti viro Giraudo Ademarii predicto, stipulanti sollempniter et recipienti pro se et heredibus et successoribus suis imperpetuum quibuscunque, predecessores ipsius nobilis Raymundi ab antiquo tenuisse et tenere debuisse et recognovisse a predecessoribus predicti nobilis Gir., et

Le cinquième est la vente faite, par Ponce de Deux-Chiens, le 2 octobre 1260, à l'université de la Cathédrale de Viviers, de « la huitième partie du domaine et jurisdiction du fort et tennement de la Roche près d'Aps et ses appartenances » par acte reçu Dupuy, notaire de Viviers.

Le sixième est le rachat fait, le 1ᵉʳ décembre 1287, de la même université de la Cathédrale de Viviers, par « Giraud Adhémar, mari de la Dame de Deux-Chiens », de la même « huitième partie du domaine et jurisdiction du fort et tennement de la Roche près d'Aps et ses appartenances », lesquelles sont désignées dans l'acte de rachat, reçu par le notaire Ponce Bouvier.

On voit ensuite le château de la Roche-d'Aps au nombre de ceux que Blonde de Deux-Chiens donna le 13 juin 1297 à Giraud son fils, et de ceux pour lesquels Giraud seigneur de Grignan et d'Aps, Blonde sa femme, et Giraud leur fils, firent hommage le 8 juin 1308 au seigneur de Montélimar.

Puis, dès le vendredi après Noël 1318, noble et puissant seigneur Giraud Adhémar, seigneur du château d'Aps, fait renouve-

---

ipsum nobilem Raymundum et successores suos tenere, tenere debere, et tenere velle a predicto nobili Giraudo et a suis imperpetuum successoribus in feudum francum manssum de Palheriis et manssum de Serreto, qui mansi sunt in dicta perrochia Beorseti, et homines, mulieres, juridictionem et quitquid aliud idem Raymundus habet, tenet seu possidet, habere tenere seu possidere visus est, seu alius seu alii pro eo seu ejus nomine, in mansis predictis de Palheriis et de Serreto seu eorum altero ; pro quo quidem feudo et ratione dicti feudi dictus nobilis Raymundus, pro se et suis heredib. et successoribus infuturum, predicto nobili Gir., ut supra stipulanti et recipienti, homagium fecit stans pedes, suis manibus inter manus dicti nobilis Giraudi inclusis, oris osculo subsecuto, et fidelitatem juravit cum omnibus et singulis capitulis que sub fidelitatis juramento continentur. Promitens et recognocens dictus nobilis Raymundus predictum nobil. Giraudum et successores suos juvare et juvare debere de placito et de guerra, de persona et feudo predicto contra quascunque personas, cujuscunque conditionis existant seu fuerint infuturum. Promitens ulterius et recognoscens dictus nobil. Raymundus similem recognitionem facere et se et suos facere debere prefato nobili Giraudo et suis inperpetuum in mutatione qualibet domini vel vasalli, Renuncians super hiis dictus Raymundus omni actioni et exceptioni doli mali, vis, metus... quo vel quibus contra predicta vel predictorum aliqua posset facere vel venire. De quibus omnibus tam dictus nobilis Gir. quam dictus nobilis Raymundus et quilibet eorum per se peciserunt sibi fieri publicum instrumentum, et sibi ad invicem concesserunt, per me notar. infrascriptum. Acta fuerunt hec apud Graynhanum, infra fortalicium, t(estib.) p(resentibus) nobilibus Adem(ario) Larocha, Bereng. Arcoleni domino Mercoyracii, Bertrando de Blacosio, domini, Raymundo Coyroni, Berengar. Textoris presbiteris, et me Pe(tro) B(arasti), e(tc).

En marge : « Factum est instrumentum pro parte Raymundi de Palheriis domicelli. »

(Minut. cit. reg. coté *Semper*, f. 113.)

ler son terrier du château et mandement de la Roche devant Chapus notaire. Le 24 février suivant, il reçoit la reconnaissance en fief de Pierre Eyraud, pour ce que celui-ci possède aux châteaux d'Aps et de la Roche. Le dernier du même mois, il reçoit l'hommage et la reconnaissance en fief de Béatrix Eyraud, pour tout ce qu'elle tient et possède, ou que « d'autres tiennent d'elle dans le château d'Aps et la Roche d'Aps » ; l'acte est reçu par Pierre Chapus not^e. Le 28 mai 1356, par acte reçu Falcon Chabrier not^e, un autre Giraud Adhémar, baron d'Aps, reçoit l'hommage et la reconnaissance en fief de noble Guillaume Eyraud, damoiseau d'Aps, pour tout ce qu'il possède et d'autres tiennent de lui au château de la Roche d'Aps.

Les barons d'Aps avaient dans leur fief de la Roche d'Aps, d'autres tenanciers importants. Le 2 juin 1342, par acte reçu Pierre Asson, notaire, Giraud Adhémar, alors seigneur de Grignan et d'Aps, recevait la reconnaissance et l'hommage en fief du prieur de St-Pierre d'Aps pour tout ce que ledit prieur possédait dans les châteaux d'Aps et de la Roche, leurs mandements et territoires. Parmi ces tenanciers il faut aussi compter des du Teil qui avaient succédé en une 6e part de ce fief à dame Guillaume de Saint-Montan comme le prouvent des reconnaissances du 8 février 1351 ; du 11 octobre 1362 et du 30 janvier 1376 (ou plutôt 1377, selon notre système chronologique actuel). Ces reconnaissances nous montrent comme seigneurs pariers de la Roche près d'Aps, en 1351, noble Bertrand du Teil et les héritiers de noble Raymond du Teil son oncle (1), en 1358, noble Guigues du Teil (2), en 1362,

---

(1) « Recognitio facta domino Graynhani per nobilem Bertrand. de Tilio filium nobilis Petri de Tilio, nomine suo proprio et ut tutor heredum nobilis Raymundi de Tilio condam.

« Notum sit.. quod. anno Domini Incarnationis millesimo iij^e l^o, et die VIII mensis febroarii, nobilis Bertrandus de Tilio, condominus dicti loci, filius condam Petri de Tilio, domini in parte castri de Puppe prope Alpes, in presencia viri nobilis et potentis Giraudi Adem. domini Graynh^i et de Alpibus.... confessus fuit et [in] veritate et publice recognovit coram me not^o et testibus infrascriptis, nomine suo proprio et ut tutor et tutorio nomine hered. nobilis Raymundi de Tilio, ejus avunculi, ut asserit, nobili et potenti viro Giraudo Ademarii domino Graynh^i et de Alpibus predicto, stipulanti sollempniter et recipienti pro se et suis heredibus et successoribus suis imperpetuum quibuscunque, predecessor(es) ipsius Bertrand. et hered. predictor. ab antiquo tenuisse et tenere debuisse et recognovisse a predecessoribus ipsius nobilis Giraudi, et ipsum Bertrandum et heredes predict. et eorum successores tenere, tenere debere et velle a predicto nobili Giraudo et pro eo et ejus nomine. sextam partem indivissam

noble Pierre du Teil (3) et en 1377 noble Eschine du Teil, fille de noble Guigues du Teil (4).

castri et ville, tenementi et territorii de Ruppe prope Alpes, que sexta pars fuit domine Guillelme de Sancto Montano condam, et homines et mulieres et juridicionem et feuda dicte sexte partis, et quicquid ipse nobilis Bertrandus vel heredes predicti habent, tenent seu possident, seu alius seu alii pro ipsis Bertrando et heredibus, seu eorum nomine, ratione dicte sexte partis in dicto castro seu ejus mandamento territorio seu districtu, et quitquid habent, tenent seu possident ipse Bertrandus et heredes predicti ut supra seu alius seu alii pro ipsis et eorum nomine in castro de Alpibus et ejus mandamento, territorio et districtu, que fuerunt dicte domine Guillelme condam. Item, confessus fuit et recognovit dictus nobilis Bertrandus suo et quo supra nomine se tenere et tenere debere et velle, et successor. ipsius et predictor. heredum tenuisse a predicto nobili Giraudo et a suis antecessoribus tenuisse in feudum factum seu territorium de Vernies. Item, confessus fuit nomine suo et tutor nomine quo supra, et recognovit dictus nobilis Bertrandus se et dictos heredes teneri ut supra et teneri debere et velle et successor. et antecessores ipsius et hered predictor(um) a dicto nobili Giraudo et successoribus suis et a suis antecessoribus tenuisse in feudum francum quicquid ipse Bertrandus et heredes predicti habent, tenent seu possident, habere, tenere seu possidere visi sunt seu alius seu alii pro ipsis seu corum nomine in castro de Alpibus et in ejus mandamento, territorio et districtu. Confessus fuit et recognovit dictus nobilis Bertrandus suo et tutorio nomine quo supra quod in hiis proxime recognitis que idem nobilis Bertrandus et heredes predicti habent in dicto castro, mandamento, territor. et districtu de Alpibus, vel alius seu alii pro ipsis seu eorum nomine, dictus nobilis Giraudus et successores sui habent et habere debent, et antecessor. dicti nobilis Giraudi habuerunt altam juridic(tion.) et plenum dominium et omnem usatgium prout habet idem nobilis Giraudus in hiis milites nobiles seu finales dicti castri de Alpibus tenent a dicto nobili Giraudo in dicto castro de Alpibus vel ejus mandamento, territor(io) et districtu, pro quibus quidem feudis supradictis et ratione dictor. feudorum predictus nobilis Bertrandus per se et ejus successor. et tutor nomine quo supra dicto nobili Giraudo, pro se et suis heredib. et successoribus sollempniter stipulanti et recipienti, homagium ligium fecit stando pedes, junctis et inclusis suis manibus in manus dicti nobilis Giraudi, oris osculo subsecuto, et fidelitatem juravit cum omnibus capitulis que sub fidelitatis sacramento continentur. Promitens et recognoscens dictus nobilis Bertrandus, suo et tutor. nomine quo supra, pro se et suis successoribus, dictum nobilem Giraudum et successores suos juvare et valere, juvare et valere debere, de personis et dictis feudis, de placito et de guerra contra quascunque personas, cujuscunque conditionis existant, excepto Dominoepiscopo Vivarien(si) qui pro tempore fuerit contra quem non tenetur ipse nobilis nec heredes predicti nec eorum successores de personis juvare vel valere, sed dicto nobili Gir. et successoribus suis reddere dicta feuda tenenda per ipsum nobilem Giraudum vel successores suos quousque guerra vel placitum quam seu quod dictus nobilis Giraudus nec successores sui cum dicto domino episcopo haberent finita fuerit seu finitum, et eis finitis, scilicet guerra seu placitum, dictus nobilis Gir. et successores sui dicta feuda dicto nobili Bertrando et heredibus predictis et eorum successoribus reddere teneantur sine aliqua diminutione et deterioratione, exceptis que ab inimicis sublata fuerint seu ilata. Promitens ulterius et recognoscens dictus nobili Bertrandus suo et tutor. nomine quo supra similem recognitionem facere et se et suos facere debere prefato nobili Giraudo et suis imposterum successoribus in qualibet mutatione domini vel vasalli. Renuncians super hiis omnibus dictus nobilis Bertrandus omni actioni et exceptioni doli vel metus et in factum errori facti et ignoran. juris, et generaliter omni alii jur(i) canonico et civili scripto et non scripto... quo vel quibus contra predicta vel

Il faut compter encore, du moins pour une époque plus récente, Guillaume Pellapra, habitant de Viviers. En effet, le 27 janvier 1433 (v. s.), ce personnage faisait reconnaissance en fief et hom-

predictorum aliqua posset facere vel venire... Actum Graynhani, infra fortalicium dicti castri, videlicet in quoquina, testibus presentibus nobilibus Beren(garic) Arcoleni, Petro Dulac, Joha(n)ni(n)o de Chantono domicello, Hugone Ruffi dicti loci de Graynhano, et me Johanne Boumardi publico imperiali auctoritate notario, qui in predictis una cum predictis testibus mandato magistri Petri Barasti magistri mei presens interfui et nomine ipsius notam recepi et ad plenum scripsi c(et). » En marge est la note : « Factum est pro parte dict. Bertrandi. » (Minut. cit., reg. coté *Semper* f. 116.)

(2) « Instrumentum domini Graynhani et nobilis Guigonis de Tilio.

« In nomine Domini, Amen. Noverint... quod, anno Incarnationis ejusdem Domini m.° iiij° lviij°, videlicet die xxj° mensis junii, Domino Johanne Dei gratia Francorum rege regnante, et magnifico et potenti viro dom° Giraudo Adheym. dom° baroniar. Graynhani et Alpium esistente, constitutus... coram nob. et magnifico viro domino Giraudo Adeym dom° baroniar. Graynh¹ et Alpium, nobilis Guigo de Tilio, condominus Ruppis prope Alpes et intimavit eidem magnifico quod idem nobilis Guigo habet quoddam devesium in mandamento de Alpibus, in territorio de Aunacio, confron. cum rivo de Aunacio et cum vineis deffenssi de Albinh°, quoddam rivo medio, et cum terris hered. Guill¹ Mathey..., quod asseruit in parte se tenere in emphiteosim a dicto magnifico sub censu xxi den. cum obolo, aliam vero partem asseruit se ab ipso minime tenere ; necnon et quoddam hospicium scitum apud Ruppem confron. cum via publica et cum hospiciis ipsius nobilis Guigonis, quod confessus fuit se a dicto magnifico in empteosim tenere sub censu annuo unius galline ; et requisivit eumdem magnificum quathinus placeret sibi predicta ponere in feudum et ea affranchire, et ipse paratus erat dictum devesium in solidum eidem recognoscere et tenere. Et contestim dictus magnificus predicta dicto Guigoni presenti pro se et suis recipienti affranchivit et in feudum posuit, sub ac conditione quod dictus Guigo et sui predicta prout superius sunt confront. et cum eorum juribus et pertinenciis universis ab hinc in anthea teneant et tenere debeant ab ipso magnifico et suis in feudum francum et sub homagio ligio et per modum et formam quibus tenent alii nobiles mandamenti de Alpibus. In quibus omnibus dictus Guigo nomine quo supra voluit et concessit et confestim confessus fuit predicta se tenere predicta per modum et formam supra expressat. a dicto magnifico pro se et suis recipient., et promisit et juravit esse bonus et fidelis et omnia alia facere ad que tenetur homo facere et vasallus domino suo et prout tenentur alii nobiles mandamenti de Alpibus,...

« Acta fuerunt hec apud Alpes, in fortalicio dicti loci, in aula dicti castri t(estib) p(resentib.) vener. ac religiosis viris dominis Guill¹ et Petro de Tilio, nobili Bertrando de Tilio, Joh° Figerii.. et me Fulcone Chabrerii, publico Baroniarum Graynhani et Alpium notario.} etc. »

En marge : « Extractum est pro parte dicti nobilis Guigonis. »

(Minutes cit., reg. coté *Aps*. ff. 96 v° 97 r°).

(3) *Recognitio Petri, filii nobilis Guigonis de Tilio condam.*

« *Noverint universi...quod, anno Incarnationis Domini, millesimo tricentesimo sexagesimo secundo, videlicet undesima mensis octobris, existens in presentia et audientia mei notarii et testium subscriptorum, nobilis Petrus filius condam nobilis Guigonis de Tilio, dominus in parte castri de Rupe prope Alpes, qui constitutus in presentia viri nobilis et potentis domini Giraudi Adeymarii, militis, domini baroniarum Graynhani et de Alpibus, non errans.... pro se et suis successoribus sponte et ex sua certa scientia confessus fuit et publice recognovit eidem nobili Giraudo pro se et suis successorib. stipulanti ipsum nobilem Petrum*

mage à Giraud Adhémar baron d'Aps, pour ce qu'il tenait, et que d'autres tenaient de lui, dans les territoires et districts d'Aps, la Roche et Aubignas; l'acte était reçu Pierre de Meycoyrol, notaire.

tenere et tenere debere et velle et successores suos post eum tenere debere a predicto nobili Giraudo et a suis succ. in feudum francum et honoratum et reddibile. scilicet sextam partem suam ipsius nobilis Petri de Tilio dominii et senhorie dicti castri de Rupe et totam pareriam suam ipsius nobilis Petri castri predicti de Rupe et juridictionem et quitquid idem nobilis Petrus de Tilio habet. tenet seu possidet vel quasi in dicto castro de Rupe intus vel extra sive in ejus territorio. mandamento seu districtu, vel alius seu alii habent, tenent seu possident seu quasi. in castro predicto de Rupe vel ejus territorio, mandamento seu districtu, in feudum vel alio quoquo modo a dicto nobili Petro seu sub dominio ejusdem; item et quoddam devesium scil. in territorio de Alpibus, in loco dicto de Aunacio, confront. cum rivo de Aunacio et cum vineis deffenssi de Albinhacio quodam rivo medio. et cum terris heredum Guilli Mathei et cum omnibus aliis suis confinibus : excepto tamen Pon(cio) Monardi homine suo de Rupe predicta et hospicio dicti Pon(cii) Monardi, et dominio Pon(cii) Montani de Rupe predicta. Et pro dicto feudo et ratione dicti feudi dictus nobilis Petrus de Tilio eid. nob. domino Giraudo, pro se et suis successor, stipulanti, fecit homagium ligium et recognitionem post homagium ecclesie Vivarii, cum sacramento fidelitalis et capitulis in eodem sacramento contentis, et dictum homagium fecit dictus nobilis Petrus stando pedes. manibus ipsius Petri inter manus ipsius domini Graynhani inclusis, oris osculum sibi ad invicem tribuendo. Et eciam dictus nobilis Petrus de Tilio pro feudo predicto promisit et super sancta Dei euvangelia juravit dicto nobili domino Giraudo et suis imperpetuum in dicto castro de Alpibus successoribus facere et dare valen(tiam) de placito et de guerra contra quascunque personas ecclesiasticas et seculares. et ad ea ad que vasallus domino suo tenetur. et prout alii nobiles loci seu mandamenti de Alpibus. except(a) ecclesia Vivarii; et. si contingeret ipsum nobilem Dominum Giraudum vel successores suos habere guerram vel placitum cum dicta ecclesia Vivarii. quod tunc dictus nobilis Petrus et successores sui teneantur dictum feudum eid. nob. Gir. et suis succ(ess.) reddere, ita quod possent se de dicto feudo juvare, et finita guerra seu finito dicto placito. predictus nob. dominus Gir. et sui successores dictum feudum eid. Petro et suis successor. sine deterioratione aliqua reddere et restituere teneatur, nisi tamen dicta deterioratio ex parte inimicorum evenisset. Promitentes et(tiam) alt(er) alterum supradictorum domini et Petri et quilibet in judicio et extra deffendere et amparare suis propriis expensis et sumptibus. Promitens autem dictus nobilis Petrus de Tilio dicto nobili domino Giraudo ut supra stipulanti similem homagium et recognitionem facere pro dicto feudo, et se et suos perpetuo successores facere debere dicto domino Graynhani et de Alpibus in mutatione qualibet domini vel vasalli. Recognoscens ulterius dictus Petrus dicto domino Giraudo, ut supra stipulanti. quod. quocienscunque mutatio domini vel vasalli evenerit dict. feud.. dictus dominus Giraudus et post. eum ejus succ(essores) possint vexillum suum ponere in hospicio superiori seu fortalicio dicti castri de Rupe predicti Petri de Tilio in signum majoris dominii, et quod illa eadem de qua ponent eum in dicto castro seu fortalicio, ipsum removere teneantur. Et super predictis dictus Petrus ren(unciavit) specialiter et per pactum pet(itioni) et oblationi libelli et... Acta fuerunt hec Graynhani, in fortalicio testibus presentibus domino Petro Chapusii, canonico Sancti Ruffi, domino Joh^e Sabaterii presbitero de Alpibus, Johanne Ademarii fratre dicti domini Graynhani, et me P(etro) B(arasti) c(et.) »

En marge : « *Tractum est unum instrumentum pro parte Petri de Tilio.* »
(Minut. cit. reg. coté Semper. f. 16).

4

A une époque plus récente encore, on trouve possessionnés à la Roche, Josseran de Giès et Blaise de Marette. En effet, le 29 janvier 1521 (v. s), noble Josseran de Giès, seigneur de Pampelonne, faisait reconnaissance en fief et hommage à Louis Adhémar, seigneur de Grignan et d'Aps, pour tout ce qu'il tenait aux lieux et mandements d'Aps, la Roche près d'Aps et Aubignas ; et le lendemain, le même Louis Adhémar traitait avec noble Blaise

(4) « *Nobilis Esquine de Tilio, filie nobilis Guigonis de Tilio.*

« *In nomine Domini, Amen. Anno Incarnationis ejusdem m iij° lxxvj , et die penultima mensis januarii, constituta nobilis Esquina de Tilio, filia nobilis Guigonis de Tilio condam. domina partim castri de Rupe prope Alpibus Vivar dioc. in presentia viri magniffici, et potentis domini Giraudi Adem., militis, Montilii et Graynhani domini, ac mei not. et test... ipsa inquam nobilis Esquina, non errans in aliquo, pro se et suis successor...confessa fuit et publice recognovit eid. nobili Domino Giraudo presenti et pro se et suis succ(ess.) recipienti et stipulanti ipsam nobilem Esquinam tenere et tenere debere et velle, et successores suos post eam tenere debere a predicto nob. dom° Giraudo et a suis successorib., in feudum francum honoratum et reddibile scilicet sextam partem suam ipsius nobilis Esquine dominii et senhorie dicti castri de Rupe et totam pareriam suam ipsius nobilis Esquine castri predicti de Rupe et juridictionem et quitquid idem nobilis Esquina de Tilio habet, tenet seu possidet vel quasi in dicto castro de Rupe, intus vel extra sive in ejus territorio, mandamento seu districtu, vel alius seu alii habent, tenent seu possident seu quasi in castro predicto de Rupe vel ejus mandamento, territorio seu districtu, in feudum vel alio quoquo modo a dicta nobili Esquina seu sub dominio ejusdem ; item quoddam devesium in territorio de Alpibus, in loco dicto Aunacio, quod confront. cum rivo de Aunacio et cum vineis deffenssi de Albinhalio. quodam rivo medio et cum terris heredum Guilli Mathei et cum omnibus aliis suis confinibus. Et predicta omnia ut supra recognovit tenere in feudum a dicto dom° Giraudo, excepto tamen hospic. inferiorem ipsius nobilis Esquine quod confront. ab una parte cum carreria publica, a parte alia cum orto ejusdem Esquine. et excepto Pon(cio) Monardi homine suo de Rupe predicta, et hospicio dicti Pon(cii) Monardi et dominio Pon(cii) Montani de Rupe predicta. Et pro dicto feudo et ratione dicti feudi dicta nobilis Esquina de Tilio dicto dom° Gir., pro se et suis succ(essor.) stipulanti, fecit homagium ligium et recognitionem post homagium ecclesie Vivar., cum sacramento fidelitatis et capitulis in eodem contentis. Et dictum homagium fecit dicta nobilis Esquina stando pedes, manibus ipsius Esquine inter manus ipsius dom¹ Giraudi inclusis, oris osculum sibi ad invicem tribuendo. Et eciam dicta nobilis Esquina pro feudo predicto promisit et super sancta Dei euvangelia juravit dicto nob. dom° Gir. et suis imperpetuum in castro de Alpibus successoribus [facere et dare valen(tiam) de placito et de gu]erra contra [quascunque personas ecclesiasticas et seculares] et ad [ea a]d qu[e vasallus domino] suo tenetur et prout alii [nobiles loci seu man]damenti de [Alpibus], excepta ecclesia Vivar(ii). Et, si contingeret ipsum dominum Giraudum vel successores suos habere gu(erram) vel placitum cum dicta ecclesia Vivarii, quod tunc dicta nobilis Esquina et successores sui teneant[ur] dictum feudum eid. nob. dom° Gir. et suis success. reddere, ita quod possent se de dicto feudo juvare, et, finita dicta guerra seu finito dicto placito predictus nob. dominus Gir. et sui successores dictum feudum eid. Esquine et suis succ(essor.) sine deterioratione aliqua reddere et restituere teneatur, nisi tamen dicta deterioratio ex parte inimicorum evenisset. Promitent. eciam al(ter) alterum supradictor. domini et Esquine et quilibet in judicio et extra deffendere et amparare suis propriis sumptibus et expensis. Promitens autem dicta nobilis Esquina de*

de Marette, écuyer, seigneur de Fourchade et conseiguer de la Roche d'Aps, pour des limites, désignées dans le traité, des lieux et juridictions d'Aps et de la Roche. Ces actes furent reçus par Claude Barbier, notaire. Puis, suivant acte reçu par le même notaire, le même seigneur « Louis Adhémar de Monteil, baron d'Aps, conseigneur de la Roche », donnait, le dernier avril 1526, « consentement à noble Blaise de Fourchade, aussi conseigneur de la Roche, de faire une porte dans un mur au mandement d'Aps. »

Enfin, les Arennes et les Stéraphy figurent en 1544 et en 1545 parmi les vassaux de Louis Adhémar pour biens à la Roche. Le 14 mai 1544, par acte reçu Jacques Cettier not°, ce baron recevait la reconnaissance en fief et l'hommage d'Antoine d'Arennes, écuyer d'Aps, pour tout ce que celui-ci possédait dans les mandements d'Aps et de la Roche. Le 7 janvier 1545, il recevait la reconnaissance en fief et l'hommage de noble Louis Stéraphy, d'Aubenas, pour tout ce que ce dernier tenait, ou que d'autres tenaient de lui, dans les terroirs et mandements d'Aps, la Roche et Aubignas ; l'acte était reçu par Jean Barbier, notaire.

Quant à la haute seigneurie de la Roche, elle appartint aux barons d'Aps de la famille Adhémar que nous avons déjà indiqués, et qui y avaient une part de la seigneurie utile. Les revenus de celle-ci figurent parmi ceux que Guyot Adhémar afferma le 12 août 1393, et son château parmi ceux que Cécile Adhémar céda en 1400 à dame Miracle, mariée à Guyot Adhémar.

Le dénombrement fourni en 1504 par Bertrand Adhémar au

Tilio dicto dom⁾ Gir. ut supra stipulanti similem homagium et recognitionem facere pro dicto feudo et se et suos perpetuo successores facere debere dicto dom⁾ Girando Domino Montilii Graynhani ac loci de Alpibus in mutatione qualibet domini vel vasalli. Recognoscens ulterius dicta nob. Esquina dicto domino Girando ut supra stipulanti quod, quocienscunque mutatio domini vel vasalli evenerit, dictus dominus Gir. et post eum ejus success(ores) possint vexillum suum ponere in hospicio superiori seu fortalicio dicti castri de Rupe predicte Esquine de Tilio in signum majoris dominii, et quod illa eadem die qua ponent eam in dicto castro seu fortalicio ipsum removere teneantur. Et super predictis dicta nobilis Esquina renunc(iavit) specialiter et per pactum petitioni et oblationi libelli et.... De quibus omnib. et singulis.... Acta fuerunt hec Graynhani, in fortalicio dicti domini, videlicet in aula majori, testibus presentibus nobilibus Disderio de Besinhano domino dicti loci, Cistirien. dioc. Berando de Chevresio, Rosta(gno) de Fortovo, Vivar. dioc. Hug. Franci habit. Graynh⁾, et me Pe. Barasti publico not(ario). »
En marge : « Tractum est instrumentum pro parte nobilis Esquine. »
(Minut cit., reg. coté Semper, ff. 100 v° 1 recto).

sénéchal de Nîmes, montre que ce seigneur possédait alors « la seigneurie d'Aps, partie de celles de St-Pons sous Coyron, de Roche, près d'Aps, » etc.

Le dénombrement fourni, le 1ᵉʳ septembre 1520, par Louis Adhémar, montre que celui possédait « la baronnie d'Aps, la terre et seigneurie d'Aubignas, la moitié de la juridiction de la Roche, près d'Aps, la forteresse de la Roche, ainsi que celle de St-Nazaire et de St-Auban étant tenue en fief dud. Adhémar par d'autres seigneurs. »

Les revenus de ce baron à la Roche d'Aps étaient encore affermés en 1554 par Blanche Adhémar sa procuratrice, et en décembre 1559 par le procureur d'Anne de St-Chamond, sa veuve, usufruitière des revenus de la baronnie.

Enfin, par acte du 10 février 1586, la terre de la Roche d'Aps est, ainsi que d'autres, cédée par Louis de Castellane-Adhémar, comte de Grignan, à dame Claudia de Fay, dame de la Liègue, qui en fait transport à dame Françoise de Lévis, comtesse de Suze (1).

SAINT-ANDÉOL-DE-BERG

Cette localité, aujourd'hui commune et paroisse du canton de Villeneuve-de-Berg, était au XIIIᵉ siècle une dépendance de la baronnie d'Aps.

Le *château de Saint-Andéol-de-Berc* figure expressément parmi les biens donnés le 13 juin 1297 par Blonde de Deux-Chiens, dame d'Aps, à Giraud Adhémar son fils. Mais Blonde et les Adhémar ses descendants le possédèrent sous la mouvance des Adhémar seigneurs de Montélimar ; ce qui nous explique l'hommage que Giraud Adhémar, seigneur de Grignan et d'Aps, Blonde sa femme, et Giraud leur fils, firent pour ce même château et plusieurs autres, le 8 juin 1308.

D'autre part, les Adhémar de Grignan avaient à St-Andéol-de-Berg des tenanciers, parmi lesquels nous trouvons au XIVᵉ siècle les Testut, les Arcolen, les Salivand, et les Ledra, etc.

En effet, l'avant-dernier jour de février 1318 (v. s.), « noble et puissant seigneur Giraud Adhémar, seigneur du château et baron-

---

(1) *Arch. Morin-Pons et minut. cit.* passim. — U. Chevalier et Lacroix, Invent. des archives de M. H. Morin-Pons. *doss. Adhémar, nᵒ 350.*

nie d'Aps, » recevait « l'hommage et reconnaissance en fief de Raymond Testut, de Viviers, pour tout ce qu'il » avait ou que d'autres tenaient « de lui, dans le château ou village » de Saint-Andéol-de-Berg, « son territoire et mandement. » L'acte était reçu par Pierre Chapus notaire.

Le 15 juin 1332, « Giraud Adhémar baron d'Aps, » investissait noble Bérenger Arcolen, de Villeneuve-de-Berg, de « biens à lui donnés » par Hugues Gontard et « situés à Saint-Andéol. » L'acte était reçu par Vincent Arnaud notaire.

Dès lors, Bérenger Arcolen paraît en de nombreuses circonstances dans les actes qui intéressent les Adhémar de Grignan barons d'Aps. Le 10 décembre 1349, il est témoin, avec d'autres nobles de la région, de l'acte de reconnaissance de Guillaume de Vesc au baron de Grignan et d'Aps, acte fait au château de Grignan. Il est pareillement témoin, au château de Grignan, le 20 juin 1350, d'une quittance donnée par Giraud Adhémar, seigneur de Grignan, à Dragonet de Plazian, conseigneur de Sales. Il l'est le 6 septembre 1351, du testament d'Eustache de Marsanne, damoiseau, testament fait au territoire de Saint-Saturnien-du-Port, sur le pont de bois *(in ponte de fusta)*, du côté de l'Empire. Il l'est d'une quittance donnée par Giraud Adhémar, seigneur de Grignan, à noble Bertrand de Blacons, acte fait *au Maupas (in malo passu)*, mandement d'Ajoux. Il l'est, le 25 novembre 1353, d'un acte de concession du baron de Grignan aux habitants de ce lieu, acte fait au château de Grignan.

Le 4 décembre 1354, il figure comme seigneur de Mercoiras *(Mercoyracii)*, dans un vidimé qu'il fit faire comme bailli du seigneur de Grignan et d'Aps, de documents intéressant ce dernier seigneur.

Le 23 juin 1358, Giraud Adhémar, baron de Grignan et d'Aps, investit noble Bérenger Arcolen, seigneur de Mercoiras, du *chaufferage* et du *mayerage* du territoire *de Peonhil*, donnés et concédés audit Bérenger par noble Pierre *de Vogorio* (1).

---

(1) « Nobilis Bereng Arcoleni.

Anno Domini m° ccc° lviij° et die xxv junii, constitutus in mei notarii et testium subscriptor, presencia, magnificus et potens vir dominus Gir Adem., dominus baroniarum Granihani et Alpium, certificatus primitus per nobilem Berengarium Arcoleni, dominum Mercoyracii, de donatione et concessione sibi

Le même jour, le même baron investit pareillement Bérenger Arcolen, seigneur de Mercoiras, de tous les fiefs et autres droits que noble Pierre de Tour avait donnés ou remis audit Bérenger dans le mandement de Saint-Andéol. L'investiture fut donnée à condition que l'investi tiendrait ces droits du baron de la même manière qu'il en tenait d'autres possessions (2).

Encore le même jour, le même baron approuva et ratifia une transaction et *composition* qui venait d'avoir lieu entre noble Bérenger Arcolen, seigneur de Mercoiras, et l'abbé de la Mansiade ou ses gens, au sujet des obédiences du mandement de Saint-Andéol et des limitations de ce mandement (3).

et suis facta chalfayratgii et madeyratgii territorii de Peonhit, prout predicta dicuntur incartata per magistrum B. Paola not., predictus inquam dominus Giraudus pro se et suis predicta, quantum sua intersunt, ratifficavit et emologavit, et dictum nobilem B. et suos de premissis laudavit et investivit, et pro recognit habuit ac si contineretur expresse in recognitionibus nuper sibi factis per dictum B., et per illum modum et formam dictum nobilem et suos predicta tenere voluit quibus tenet alia ab ipso domino Giraudo ; cum omni renunciat juris ad hec neccessaria, pariter et cautheln. De quibus dictus nobilis Bereng. peciit et dictus dominus sibi fieri concessit publicum instrumentum per me notarium infrascriptum. Actum apud Alpes, in platea publica, in Banco Guillelmi Alhaudi, (testib). p. presenlib.) domino Petro Chapucii canonico de Sancto Poncio, magistro Martino de Sulhario, et me Fulcone Chabrerii, publico auctoritate dicti magnifici et potentis domini Giraudi notarii, qui predictis interfui et de hiis notam recepi..... »

En marge : « Factum est. »

(Minut. cit., reg. coté *Aps*, f. 10 r°.)

(2) « Anno Domini m° ccc° lviij°, et die xxv junii, domino Johanne Dei gra. rege Francor. regnante, et magniffico et poten° Giraudo Adem. milite dom° baroniar. Graynh. et Alpium, constitutus...., dictus nobilis dominus Giraudus certifficatus primitus per nobilem Berengar. Arcoleni dominum Mercoyracii, de donationibus seu remitionibus sibi factis per nobilem Petrum de Turre de omnibus feudis et aliis juribus que ipse habet vel visus esset habere in mandamento Sancti Andeoli, ipse inquam dns Giraudus pro se et suis quantum sua interest tanquam sine ipsius et cujuslibet alterius fraude factis, predicta jam facta seu facienda, approbavit et ratifficavit et dictum nobilem et suos laudavit et investivit, ad habend. et tenend. per eundem per modum et formam quibus tenet alia a dicto dno Giraudo, et pro recognit. habuit ac si contineretur in recognitione nuper sibi facta et per illum modum et formam dictu nobilem et suos predicta tenerit veluit quibus tenet alia ab ipso dno Giraudo, cum omni renunciat juris.... De quibus.... Actum apud Alpes, in platea publica, in banco Guill° Alhaudi, t. p. dno Petro Chapucii canonico S⁺⁺ Poncii, magistro Martino de Sulhario notario, et me Fulcone... »

En marge : « Factum est. »

(Minut. cit., reg. coté *Aps*, f. 10 v°.)

(3) « Anno Dni m° ccc lviij et die xxv junii, dom° Joh. etc. et magniffico et poten(ti) viro dom° Gir. etc., constitutus in mei notarii et testium subscriptorum presencia, dictus dns Giraudus certifficatus primitus per nobilem Beren. Arcoleni dům Mercoyracii de transactione et compositione nuper facta inter eum et dům abbatem Manciade seu ejus gentes super hobedime(nt). mandamenti S⁺⁺

Encore le même jour, Bérenger Arcolen reçut du même Giraud Adhémar, baron de Grignan, et à titre de donation entre vifs, tous les droits de fief ou d'arrière fief, d'emphytéose, de propriété ou de possession, de juridiction, de servitude, et tous autres droits corporels ou incorporels, connus ou inconnus, que ce baron avait ou pourrait avoir, sous la maison de Berg, dans le mandement ou paroisse de Saint-Andéol-de-Berg. Seulement tout ce que Bérenger en pourra recevoir ou recouvrer, il le tiendra du baron comme il en tient ce qu'il a dans ce mandement (4).

On voit que Bérenger Arcolen agrandissait sa situation. Il continua à le faire. Près d'Aps était un jardin tenu par Catherine femme Chaylar, de la directe de noble Guillaume Ayraud. Cette

Andeoli et limitationibus ipsius mandamenti prout predicta dicuntur incartata tam per magistros Guill^m Pellicerii et Benedictum Faiolo notar., dictus inquam dûs Fir., pro se et suis, predictam transactionem et limitationes et omnia in eis contenta tanquam rite et legitime facta, et absque ejus fraude et cujuslibet alterius, approbavit, ratifficavit et emologavit. Et ea attendere et complere et contra non venire promisit, sub obligatione omnium bonorum suorum, et ad sancta Dei euvangelia juravit, cum omni renunc(iatione) juris ad hec necessaria pariter et cauthela. De quibus etc. Actum apud alpes in platea dicti loci, in banco Guillⁱ Alhaudi, t. p. dom^o Petro Chapucii canon. S^{ti} Poncii, magistro Martino de Sulhario not. et me Fulcone etc. »

En marge : « Factum est. »

(Minut. cit., reg. coté *Aps*, f. 11 r°.)

(4) « Anno Domⁱ m^o ccc^o lviij , et die xxv junii, dom^o Jo. etc., et magniffico et potente viro dom^o Gir. etc., noverint., quod.. dictus magnif. et pot. vir dominus Giraudus... pro se et suis successorib. universis, dedit, cessit et remisit donatione pura et simplici que fit et habet fieri inter vivos, nobili Berengario Arcoleni, dom^o Mercoyracii, presen. et pro se et suis stipulanti et recipienti, videlicet quicquid juris feudi seu retrofeudi, emphiteoticar., proprietat. seu possessionis, jurisdictionis, servitutis et quecunque alia jura, corporalia vel incorporalia, scita vel inscita, competencia vel competitura *(addition* : que ipse dominus habet vel visus esset habere), in rebus et pro rebus et jurib. quas habet seu possidet seu alii ejus nomine *(addition* : domus de Berco), seu quovismodo subsunt *(ad.lition* : dicte) domui *(le scribe avait d'abord mis domus)* de Berco in mandamento seu parrochia S^{ti} Andeoli in Berco ; et hoc ad habend. et tenend. per dict. nob. Berengar. et suos pacifice et quiete, faciens ipsum in premissis verum dominum et possessorem et in rem suam procuratorem...., salvo et retento per dict. dominum quod omnia et singula que virtute presentis donationis dictus nob. Bereng. vel sui poterit habere vel accipere, retinere seu recuperare, idem nob. Bereng. et sui ea teneantur recognoscere et eod. modo tenere a dicto dom^o quemadmodum tenet ea que habet in mandamento S^{ti} Andeoli. Promictens id. dom^s quod non fecit nec dixit, nec faciet nec dicet quominus predicta habeant firmitatem. Renuncians super premissis....

« Act. apud Alpes, in platea dicti loci, in banco Guillⁱ Alhaudi, t. p. d. Pe. Chapucii canon^e S^{ti} Poncii, magist. Mart^o de Sulhario not^o, et me Fulc. Chabrerii etc. »

En marge : « Factum est. »

(Minut. cit., reg. *Aps*, f, 11 v°-12 r°.)

femme avait vendu ce jardin à Jean Raynaud, d'Aps, quand Guillaume Ayraud, retenant ce jardin, en vertu de son droit de prélation, le céda avec tous les droits seigneuriaux qu'il avait sur ce jardin, audit Bérenger Arcolen, et l'en investit, le 13 octobre 1358, moyennant le prix du jardin payé par celui-ci à Catherine. Celle-ci fut présente, ainsi que Raynaud, à cet acte, et y consentit. Bien plus, le 22 novembre suivant Bérenger eut de plus l'assentiment de Chaylar, mari de Catherine (1).

Le 19 octobre 1358, c'était Pierre Melhet, de Viviers, conseigneur de Saint-Thomé, qui étendait les propriétés du seigneur de Mercoiras, en lui faisant donation entre vifs de chasaux situés ensemble à Aps (2).

Enfin, par un acte d'investiture du 31 octobre 1358, nous voyons que Bérenger Arcolen était alors bailli de toute la terre et des baronnies de Grignan et d'Aps. C'est à ce titre qu'il investit Hugues Giroard d'une terre située au mandement d'Aps et relevant de la directe de Giraud Adhémar, baron d'Aps.

Passons aux autres principaux vassaux et tenanciers de ce baron à Saint-Andéol.

Le 27 août 1345, par acte reçu Bernard de Grignan notaire, « noble et puissant Giraud Adhémar, seigneur de Grignan », donne quittance, « pour certaine somme, » à Raymond de Chayrès, damoiseau. »

L'analyse sommaire que nous avons et donnons de cet acte ne nous dit pas que ce damoiseau ait été vassal du baron d'Aps ; mais l'assistance de Béraud de Cheyrès, seigneur de Saint-

---

(1) Minut. cit., reg. *Aps*, ff. 15 v°-16 r°.)
(2) « Instrumentum nobilis Berengarii Arcoleni.

« Anno Dom¹ m° ccc° lviij et die xix octobris..... nobilis et venerabilis vir dominus Petrus Melheti de Vivar. jurisperitus S¹¹ Thome condominus, ex certa ejus scientia...., pro se et suis successoribus universis, dedit donatione inter vivos nobili Berengario Arcoleni, dom° Mercoyracii, presenti... quedam casalia simul contigua infra duplam de Alpibus scituata que condam fuerunt Pe(tri) Sevini confron. cum stabulo et curte dni de Alpibus et cum vallato duple et cum viâ duple et cum casalibus Armandete relicte Pe(tri) de Ranchaboys necnon et quicquid juris proprietatis seu pocessionis census directi dnii et cujuscunque alterius juris quod ipse reperiretur nunc vel infuturum habere in dictis casalibus et in quantum ad ipsum pertinent seu pertinere possunt.... Acta fuerunt hec apud vivar(ium) in platea publica, coram hop(er)at. Pe(tri) Perrini, t. p. nobili R(aymu)ndo de Juvnhatio, Joh° Sabaterii de Villanova, et me Fulcone Chabrerii publico auctoritate dni Vivariensis episcopi notario,...»

Andéol, damoiseau *(Beraudo de Cheyresio, domino Sancti Andeoli, domicello)*, comme témoin, au château de Grignan, à un acte de quittance accordé par Giraud Adhémar, nous le fait soupçonner.

Le 2 août 1352, noble Pierre Salivand, seigneur de Mercoiras et coseigneur de Saint-Andéol-de-Berg, fait à haut et puissant seigneur Giraud Adhémar, baron d'Aps, reconnaissance et hommage en fief pour des propriétés aud. Saint-Andéol et à Mercoiras. L'acte est reçu par Pierre *Kavasci*, notaire impérial.

Le 13 juillet 1356, par acte reçu Chabrier notaire, ce baron reçoit l'hommage et la reconnaissance en fief de Jacques de Ledra, pour tout ce qu'il tient ou que d'autres tiennent de lui, dans les châteaux et villages d'Aps, Saint-Andéol-de-Berg et Saint-Maurice-d'Ibie.

Enfin, le 30 janvier 1521, par acte reçu Claude Barbier notaire, Louis Adhémar, baron de Grignan et d'Aps, reçoit la reconnaissance en fief et l'hommage de François de Blou, seigneur de Saint-Andéol-de-Berg, « pour le château, lieu et mandement dudit Saint-Andéol. »

Après cela, nos notes ne nous apprennent plus rien sur les possesseurs et les seigneurs de Saint-Andéol.

SAINT-MAURICE-D'IBIE

Cette localité, qui est située au midi et dans le canton actuel de Villeneuve-de-Berg, ne figure qu'assez tard dans nos documents parmi les fiefs relevant des barons d'Aps.

Le premier acte qui nous permette de constater cette dépendance est du 28 août 1345. Il nous apprend que ce jour-là noble et puissant seigneur Giraud Adhémar, seigneur d'Aps, reçut la reconnaissance en fief et l'hommage de plusieurs personnes pour tout ce qu'elles possédaient, ou que d'autres tenaient d'elles, « à la Champ, paroisse de Saint-Maurice. » L'acte fut reçu par Bernard de Grignan notaire.

Le second est l'acte d'hommage et de reconnaissance en fief par Jacques de Ledra à Giraud Adhémar, baron d'Aps, pour tout ce que led. Jacques tenait, ou que d'autres tenaient de lui, dans les châteaux et villages d'Aps, Saint-Andéol-de-Berg et Saint-Maurice-d'Ibie ; il est du 13 juillet 1356.

Le troisième et le plus important est la vente que Giraud Adhémar, baron de Grignan et d'Aps, fit le 27 juin 1358, d'un bon nombre de pensions censitives et de petits fiefs situés dans le mandement de Saint-Maurice-d'Ibie. L'acheteur fut ce noble Bérenger Arcolen, seigneur de Mercoiras, dont nous avons déjà constaté, dans les lignes consacrées plus haut à Saint-Andéol-de-Berg, le sérieux agrandissement de fortune vers ce temps-là. Cet acte contient une sorte de pouillé des fiefs de la localité, avec indication de la valeur de chacun d'eux (1). Mais ce qui en ressort

(1) Faute de temps pour traduire et insérer en notre texte cette vente, nous voulons du moins en donner ici le texte latin, en faveur des chercheurs. Le voici, copié dans le protocole original :

« Nobilis Bereng. Arcoleni.

« Anno Dni m° iij° quinquagesimo octavo, et die xxvij mensis junii, serenissimo principe domino Jo. Dei gra. Francor. rege regnante, ac magnifico et poten. viro dno Giraudo Adem., milite, dom.° baroniar. Grahinhani et Alpium, constitut. in mei not. et test. subcriptor. presentia dictus nobilis ac potens vir dominus Giraudus Ademar. nomine suo ac liberorum suorum heredumque et quorumcunque successorum, omni dolo et fraude postpositis principaliter vel incidenter, vendidit et titulo pure perfecte et irrevocabilis venditionis tradidit. seu quasi nunc et per imperpetuum nobili Berengario Arcoleni dno Mercoyracii, presen., stip. soll. et recip[ti] pro se et suis successoribus universis, videlicet sex libras cum dimidia cere quas percipit censuales cum certis tenem(en)tariis occasione obedim(en)torum mandamenti seu parrochie Sancti Mauricii de Ibia ; item tres rasos et sex civaderios avene censuales quos percipit cum certis tenementariis in dicto mandamento ; item, unam eminam ordei censualem quam percipit cum certis tenementariis in eodem mandamento ; item, quatuor gallinas censuales quas percipit cum certis tenementariis in eodem mandamento ; item, viginti denarios cum obolo censuales quos percipit cum certis tenementariis in dicto mandamento ; item, duo sestar. et unam eminam et tres civaderios cum dimidio frumenti que percipit cum certis tenementariis ratione quartus in dicto mandamento ; item, septem sestar. et terciam partem unius civaderii frumenti que percipit ratione census annui cum certis tenementariis in dicto mandamento ; item, sex homagia rusticalia et litgia cum eorum juribus et pertinen. que habet in dicto loco parochia seu mandamento ; item, feuda et feudorum homatgia et eorum quecunque jura que habet in dicto loco, parochia seu mandamento, videlicet feudum unius cart(ar)ie frumenti quod ab eo tenet Pon(cius) de Lacu ; item, feudum hered. Guill(elm)i de Ruppe Salva de Sancto Pon(cio), quod ab eo tenent videlicet decem et octo denar. et tres quart(ar)ias avene et duos civaderios frumenti vel circa ; item feudum cujusdam terre quam ab eo tenet nominatus Charamasso, que fuit extimata sex floren. ; item, feudum quod ab eo tenet, Jacobus de Ledra, quod fuit extimatum duo sestaria frumenti censualia ; item, feudum Johannis Archimbaudi, quod fuit extimatum unum sestarium frumenti censualem ; item, feudum cujusdam terre feudalis quam ab eo tenet Poncius Fesquerii, que fuit extimata duodecim floren. ; item feudum cujusdam terre feudalis quam ab eo tenet uxor nominati Montanher de Ruppe prope Alpes, que fuit extimata sex florenos ; item, feudum quod ab eo tenent illi de Paleriis, quod fuit extimatum quinque denar. cum obolo et tres cart(ar)ias frumenti censualia ; item, feudum domini Vitalis Seguini, quod fuit extimatum duos denarios cum obolo censual. ; item, feudum magistri Petri Salivandi, necnon et omnia alia feuda et retrofeuda et eorum homagia atque jura que ipse

surtout à nos yeux, c'est d'abord la variété considérable des fortunes et des positions sociales qui régnait alors depuis le haut seigneur et le baron, jusqu'au plus humble des roturiers. Elle

habet et repperiretur habere nunc vel infuturum ultra premissa in dicto loco Sancti Mauricii ejusque parrochia seu mandamento..., necnon et omnia alia census seu servicia et directa dominia que ipse repperiretur habere ultra superius expressata, in dicto loco, parrochia seu mandamento, nec non et omnia banna, jurisdictiones merumque et mixtum imperium, cohercionem seu districtum, que ipse repperiretur habere in dicto loco, parrochia seu mandamento, necnon et generaliter quicquid juris, proprietatis seu possessionis, directi dominii, homatgii feudalis vel rustici feudi, retrofeudi, jurisdictionis, meri seu mixti imperii, districtus seu cohercionis, que ipse nunc vel infuturum repperiretur habere in dicto loco Sancti Maurisii, parrochia seu mandamento, feudo domini de Vogorio tantummodo excepto : et hoc pro precio et nomine precii ducentarum librarum talis monete quod unus florenus boni ponderis valeat xx^{ti} sol. et econverso ; quod precium confessus fuit esse legitimum atque amplum et eum habuisse in florenis aureis sibi realiter numeratis ; et, si plus valent predicta vendita dicto precio, illud plus ut supra stipulanti, dedit donatione inter vivos, nulla causa ingratitudinis seu alia revocanda ; renuncians et per pactum expressum exceptioni non numerate pecunie et condicioni ex lege ; de quo quidem precio dictum nobilem Berengar., ut supra stipul., quictavit, liberavit perpetuo penitus et absolvit...., faciens ipsum nobilem Berengar. et suos heredes et successores in premissis verum dominum et possessorem et in rem suam procuratorem, cumdemque de premissis investiens per manus traditionem ; concedens eidem quod quando sibi placuerit possit per se vel per alium premissorum possessionem propria auctoritate adhipisci... ; promictens et per pactum expressum quod prodicta omnia et eorum singula cid. nobili Berengario et suis faciet habere tenere seu possidere pacifficce et quiete....... Acto et convento inter dictum emptorem et venditorem, quod predicta superius vendita remaneant de feudo dicti domini de Alpibus qui nunc est et qui pro tempore fuerit, et quod dictus nobilis Berengarius et sui predicta teneantur recognoscere predicto domino de Alpibus qui nunc est vel pro tempore fuerit, in feudum per modum et formam quibus idem nobilis tenet a dicto domino castrum Mercoyracii et alia que ab ipso domino tenet et prout continetur in recognitione ultimo dicto domino per dictum nobilem Berengarium facta et per magistrum Martinum de Sulhario notar. incartata ; et confestim id. nobilis Berengarius pro se et suis et per modum in dicta recognitione per dictum magistr. Martinum recepta contentum confessus fuit predicta superius vendita se tenere in feudum a dicto domino presenti et per se et suis recipien., cum juramento fidelitatis, junctis manibus et oris osculo subsequto... Acta fuerunt hec apud Alpes, in camera fortalicii dicti domini, t. p. nobili Guigone de Tilio, Hugone Giroardi, de Villanova de Berco, Martino de Sulherio, et me Fulcone Chabrerii publico baroniarum Greynhani et Alpium not^r, qui predicta scripsi et notavi.

« Postque, anno quo supra et die xxx dicti mensis... dictus nobilis Berengarius, ex causa venditionis seu infeudationis sibi facte per dictum domin. Giraudum de hiis que habebat in dicto mandamento seu parrochia S^{ti} Mauricii de Ibia et sub precio ducentar. librar. uno flor. auri boni ponderis pro xx^{ti} sol. computat(at.), et quamvis id. dominus Gir. dictas ducent. libras confessus fuisset habuisse, prout continetur in nota per me infrascript. notar. recepta, realiter tradidit atque numeravit in mei notarii et testium subscriptor. presencia dicto dno Giraudo recipien(t.) et secum portanti ducentos florenos auri boni ponderis et ex causa dicte vendicionis, et pro dictis ij^e libris, de quibus dictus dom. Giraudus, nominibus quibus supra, cum realiter predicta receperit, ut est dictum, dictum nobilem et suos quictavit cum pacto de ulterius dictas ij^e libras dicte mo-

n'est certes pas faite pour confirmer l'opinion, prévalant cependant aujourd'hui chez beaucoup, d'après laquelle il n'y aurait eu au moyen-âge que de riches seigneurs et de misérables manants. Une autre chose en ressort encore, du moins si à son étude nous joignons celle du rachat que notre baron de Grignan et d'Aps faisait le 10 juin 1359 de ces mêmes pensions et fiefs, que Bérenger Arcolen s'était engagé à lui revendre (2) : c'est la gêne extrême

nete, non petendo, et de eis contentus fuit, cum omni juris renunciat. ad hec neccessaria pariter et cauthela et ad sancta Dei euvangelia juravit predicta fore et contra ea non venire. De quibus dictus nobilis Berengarius peciit et dictus dns Giraudus Adem. sibi fieri concessit publicum instrumentum per me notar. infrascriptum. Acta fuerunt hec apud Vivar(ium), in aula dni Pon(cii) de Sampsone, t. p. nobilibus Mileto de Audifredo, Raymundo de Juvenacio, et me Fulcone Chabrerii, auctoritate episcopali publico notario..... »

En marge : « Factum est instrumentum. »
(Minut. cit., reg. coté *Aps*, ff. 7-9 v°).

(2) « Instrumentum dom[i] Graynh[i] et de Alpibus.
«.... Anno Incarnat. dominice milles° tricentes° quinquagesimo nono, videlicet die x mensis junii,... cum super quadam venditione olim facta nobili Berengario Arcoleni, domino Mercoyracii, scilicet a nobili et potenti viro dom° Giraudo Adheymarii, dom° baroniar. Gray. et Alpium, de sex libris cum dimidia cere quas percipit dictus nobil. dom. Gir. in loco et mandamento S[ti] Mauricii de Hybia, cum certis tenementariis occasione obedimentum mandamenti seu parrochie S[ti] Mauricii de Ibia ; item tres rasos et sex civaderios avene censual. quos percipit cum certis tenementariis in dicto mandamento..... *(et la suite, comme dans l'acte de vente, du 27 juin 1358, donné dans la note précédente, jusqu'à)* : pro precio.. ducentar. librarum talis monete quod unus florenus boni ponderis valeat xx[ti] sol. et econverso, prout in quodam publico instrumento confecto et signato manu mei not. publ. infrascripti continetur. Et cum ipse nobilis Bereng. Arcol. predictus dedisset et concess(isset) dicto nobili Giraudo Adheymarii predicto remedium super recidenda dicta venditione eodem precio supradicto, prout in quadam notula facta et recepta per me notar. infrascript. plenius continetur, ipse inquam nobilis Berengarius dominus Mercoyracii....., nomine suo ac liberorum suorum hered[um]que et quorumcunque successorum... revendidit et titulo pure perfecteque et irrevocabilis venditionis.. tradidit.. nunc et per imperpetuum.. nobili Bertrando de Blacosio domicello et michi subscripto notario tanquam persone publice presentibus stipulant. et sollempniter recipient[jb.] nomine et vice et ad opud magnifici et potentis viri dom[i] Giraudi Adheymarii predict. et suor. hered. et quoruncunque successorum per imperpetuum, omnia, universa et singula superius dicta, scripta et nominata, et in presenti instrumento contenta, et omnia alia universa et singula que in dicto instrumento venditionis facte per dict. domin. Giraud. Adhem. plenius continentur, et sicut pure et eodem modo et forma quibus dictus dom. Giraudus Adheymarii omnia supradicta vendidit dicto nobili Berengario Arcoleni ut superius est expressum, ipse nobilis Berengarius Arcoleni predictus eadem pure revendicionis per imperpetuum dicto nobili Bertrando de Blacosio et michi dicto not° ut supra stipul. et recipiento vendidit, tradidit, cessit et concessit pro precio ducentar. libr(ar.) bonorum tur(on.) talis monete quod unus florenus auri boni ponderis valeat xx[ti] solud. tur. bonor. et econversso. Quasquidem vero ducentas libras tur. bonor. a dicto nobili Bertrando de Blacosio confessus fuit se habuisse et recepisse in bonis flor. auri sibi realiter numeratis....... ; de quo quidem precio

à laquelle certains grands seigneurs étaient souvent alors réduits, tandis que de bien plus pauvres qu'eux se trouvaient dans une parfaite aisance, quelquefois même dans l'abondance. En effet, il est incontestable que la vente et le rachat que nous venons de voir faire par le baron d'Aps équivalent à un engagement d'un an de sa terre de Saint-Maurice. Il y fut certainement réduit par le besoin urgent qu'il avait des 200 livres auxquelles s'élevèrent le prix de la vente et le prix du rachat.

Toujours Giraud Adhémar, rentra-t-il, le 10 juin 1359, en possession de ses biens de Saint-Maurice. Aussi, le 12 juillet suivant figure-t-il comme seigneur de Saint-Maurice-d'Ibie dans un bail emphytéotique passé par Foulques Chabrier son procureur, à Jean *de Lenseda*, dudit Saint-Maurice, d'une maison, d'une terre et d'un jardin, situés dans la paroisse du même Saint-Maurice, au mas de Lenseda et près d'une terre de la maison de Berc *(domus de Berco)*. Mais en 1371 le baron devait céder pour un temps ses revenus de Saint-Maurice et d'autres seigneuries voisines, à Bertrand de Taulignan, en payement de la dot de Garcende Adhémar.

Louis Adhémar avait encore le fief de Saint-Maurice, car le 25 janvier 1521 (v. s.), par acte reçu Claude Barbier not°, ce baron recevait la reconnaissance en fief et l'hommage de noble Jean de Vogué, chevalier, seigneur de Roche-Colombe, pour des propriétés désignées dans cet acte et situées en la paroisse de Saint-Maurice-d'Ibie (3).

SAINT-NAZAIRE-DE-COIRON

Ce fief, dont le nom indique assez la position sans cependant la préciser, figure seulement dès 1319 parmi ceux du voisinage d'Aps qui relevaient des Adhémar de Grignan.

Le premier document où il en soit fait mention, est un acte d'hommage et de reconnaissance en fief faits, le 10 mai 1319, à noble et puissant seigneur Giraud Adhémar, seigneur et baron

---

dictum nobilem dom. Giraudum et suos... et per cum dictum nobilem Bertrand. de Blacosio.. quitavit, liberavit perpetuo.... Acta fuerunt hec apud Villam novam de Berco, in hospicio nobilis Hugonis Giroardi.... » (Min. cit., reg. coté *Aps*, ff. 52 v°-54 r°).

(3) Arch. Morin-Pons et minut. cit., *passim*.

d'Aps, par noble Ponce de Mirabel, seigneur en partie dudit Mirabel, et par Pierre son fils, pour tout ce qu'ils tenaient en fief de la baronnie d'Aps, savoir la seigneurie et juridiction de Saint-Nazaire-de-Coiron. Cet acte fut reçu par Chapus notaire.

Le deuxième est l'acte d'hommage et de reconnaissance en fief fait le 6 août 1359 au seigneur Giraud Adhémar par Hugues de Mirabel, seigneur en partie de Mirabel, « pour le tènement de Saint-Nazaire-en-Coiron, et la seigneurie que led. de Mirabel a audit Saint-Nazaire. » Cet acte fut reçu par Pierre Alliaud notaire (1).

Le troisième est celui de l'hommage et de la reconnaissance en fief franc faits en 1376 à Giraud Adhémar, seigneur de Montélimar et de Grignan, par noble Giraud de Mirabel, coseigneur dud. lieu de Mirabel, pour le tènement de Saint-Nazaire-de-Coiron, au diocèse de Viviers, et pour la seigneurie et juridiction que led. Gir. de Mirabel a audit manse et tènement ; la reconnaissance comprend aussi tout le manse de Brasanègues, moins la 4e partie de ce dernier manse, laquelle est de noble Audigier de la Roche (2).

(1) Arch. Morin-Pons, notes Moulinet.

(2) « Recognitio facta dicto domº (Gir. Adh., dom Montilii et Gray.) per nobilem Giraud. de Mirabello.

« Anno Incarnat. ejusd. (Domⁱ) m iiijᵉ lxxvi, et die vicesima mensis julii, constitutus nobilis vir Giraudus de Mirabello, condominus dicti loci de Mirabello subtus Coyro, Vivar. dioc., in presen. potentis et nobilis viri domⁱ Giraudi Adem., milit. domⁱ Montilii et Grayhⁱ...., ipse inquam nob. Gir. de Mirabello..., pro se et suis heredib. et successorib. inperpetuum quibuscunque. confessus fuit et... publice recognovit coram me notᵒ et testib. infrascriptis, viro nob. et potenti dom Gir. Adem. dom Montilii et Gray. predicto, presenti, stipulanti solempniter et recipienti pro se et suis heredib. et successorib. inperpetuum quibuscunque, predecessores ipsius nobilis Gir. de Mirabello ab antiquo tenuisse et tenere debuisse et recognovisse a predecessoribus ipsius nobilis domⁱ Giraudi domⁱ Montilii, et ipsum nobilem Giraudum de Mirabello et successores suos tenere et tenere debere et velle tenere a predicto nobili domⁿ Gir. domⁿ Montilii et Gray. et a suis inperpetuum successorib., in feudum francum factum seu tenementum Sancti Nazarii de Coyroco, predicte Vivarien. dioc., dominiumque et juridictionem quod et quam habet in dicto manso seu facto, et quitquid ibidem habet, tenet et possidet, seu alius seu alii pro eo aut ejus nomine : item, totum manssum de Brasanegues. excepta quarta parte dicti mansi que est nobilis Audigerii de Rupe. et quitquid habet et visus est habere. seu alius seu alii pro eo seu ejus nomine, in dicto mansso. Et pro predictis feudis et ratione dictorum feudorum dictus nobilis Gir. de Mirabello predicto dom Montilii et Gray. presenti et solempniter ut supra stipulanti et recipienti homagium et recognitionem fecit stans pedes, junctis manibus inclusis infra manus dicti domini Giraudi, oris osculo subsequto, et fidelitatem juravit cum omnibus capi-

. Plus tard ces deux tènements ou manses figurent encore parmi les fiefs relevant des Adhémar. Le dénombrement fourni le 1ᵉʳ septembre 1520 par Louis Adhémar, baron de Grignan, porte que « Saint-Nazaire » et Saint-Auban sont tenus en fief dud. Adhémar par d'autres seigneurs. Un acte reçu Claude Barbier notᵉ, du 21 janvier 1521 (v. s.), contient la reconnaissance en fief faite au même Adhémar, « par noble Hélix de Verre, héritière de noble Bernard Nicolaï, pour un mas appelé Brassanègue. »

Rappelons encore que, d'après des généalogistes, les de Barruel du Vivarais furent seigneurs du marquisat de Bavas, St-Cierge, St-Vincent, St-Quintin, Montagu, Durfort, la Baume, Montellier, *St-Pons*, Chaix, *Brassenègues* (3), la Rochechérie, et

tulis que sub sacramento fidelitatis continentur. Confessus fuit eciam predictus nobilis Giraudus predicto nobili domⁿ Giraudo, presenti et ut supra stipulanti, et in veritate publice recognovit, pro se et suis successoribus infuturum quibuscunque, quod dictum feudum Sancti Nazarii semper debet et tenetur remanere insolidum penes illum de successoribus suis seu heredibus qui eid. nobili Giraudo succedet in fortalicio et affari suo et castr(ri) de Mirabello, et ad nullum alium potest vel debet per se vel successores suos transsferri aliquo jure vel ali q᾽ua) alienationis generis nisi ad illum solum ad quem, ut supra dictum est et expressum. De quo fortalicio et castro predictis tenetur predictus nobilis Giraudus et successores sui dicto dom Giraudo adjutorium facere contra hominem quemcunque, excepto domino Vivaricn. episcopo, et de munitionibus, si que sunt vel fierent in predictis feudis, valenciam et adjutorium facere contra omnem hominem de placito et de guerra, nullo excepto, vel reddere dicta feuda. Et sic dictus nobilis Giraudus de Mirabello dicto nobili domino Giraudo ut supra stipulanti attendere, observare tactis córporaliter sacrosanctis euvangeliis juravit et facere similem recognitionem predicto domino Giraudo et suis successorib. predictus nobilis Giraudus de Mirabello et sui successores promisit et recognovit in qualibet mutatione domini vel vasalli. De quibus omnibus et singulis quilibet peciit sibi fieri publicum instrumentum, et sibi ad invicem concesserunt per me notarium infrascriptum. Acta fuerunt hec Montilii, in hospicio seu fortalicio dicti domini Giraudi, domini dicti loci et Graynhani, testib. presentib. nobilibus Disderio de Besinhano, domino de Chalma, Valen(t.) dioc., Garino Aymarii, de Montilio predicto, Bertrando de Blacozio, Johanne de Litono, Hugone Franci, de Graynhᵒ, Diens. dioc., magistro Firmino Bermondo phizico Uticen. dioc., et me Petro Barasti publico inperyali auctoritate etc. »

En marge : « Tractum est instrumentum unum pro parte Giraudi de Mirabello. »

[Minut. cit., reg. coté *Semper*, f. 96.)

(3) « L'an 1303, le roi Philippe régnant, Raymond de Barwel, damoiseau (*Raymundus Barwelli, domicellus*), qui avait épousé N.. de Rochesauve, fait, par acte reçu Mᵉ Guillaume Bernard notᵉ, en présence de noble et puissant seigneur Pons de Mirabel, donation à son neveu Pierre de Rochesauve, damoiseau, du territoire de Brassenègues (situé dans la commune de St-Pont), laquelle propriété il tenait de son père. » (Généalogie de la famille de Barruel.)

co-seigneurs de Villeneuve-de-Berg, *Mirabel*, St-Laurent, etc. (1).

Et c'est tout ce que les documents-dont nous disposons nous apprennent sur ce fief de Saint-Nazaire.

SAINT-PONS

Cette intéressante localité a été souvent appelée Saint-Pons-sous-Coiron, à cause de sa position près et au-dessous des roches volcaniques du Coiron.

Le premier de nos documents qui se rapporte au fief de Saint-Pons est la reconnaissance que noble dame Gaudefride d'Aps et Giraud Adhémar firent faire, le 4 des calendes de janvier (29 décembre) 1292, de leurs terriers d'Aps et de Saint-Pons, pardevant Clamouze notaire.

Le second est la reconnaissance en fief et l'hommage que Giraud Adhémar de Monteil seigneur de Grignan, et dame Blonde de Deux-Chiens son épouse, reçurent « du prieur du prieuré de St-Pons », le 5 des calendes de novembre (18 octobre) 1296, pardevant Pierre Clamouze notaire.

Viennent ensuite : le 13 juin 1297, la donation du château de Saint-Pons et de plusieurs autres, par Blonde de Deux-Chiens, à Giraud Adhémar son fils émancipé ; le 8 juin 1308, l'hommage de Giraud Adhémar, Blonde sa femme et Giraud leur fils, à Giraud Adhémar seigneur de Montélimar, pour les châteaux d'Aps, St-Pons, etc., et leurs dépendances ; la reconnaissance faite, de 1308 à 1339, à Giraud Adhémar, seigneur majeur du château de Saint-Pons, par ses vassaux du lieu ; l'hommage fait, le 2 décembre 1312, à Giraud Adhémar, seigneur de Grignan et d'Aps, au nom de Blonde sa femme, par le prieur de Saint-Pons, pour des propriétés situées audit Saint-Pons et désignées dans l'acte, lequel fut reçu par Pierre Chapus notaire ; la reconnaissance en fief et l'hommage faits, le dernier février 1319, à Giraud Adhémar, baron du château d'Aps, par noble Audigier de la Roche, pour tout ce que celui-ci « tient et possède au château et fort de Saint-Pons-sous-Coyron » ; et « l'hommage et reconnaissance en fief » que

---

(1) Arch. Morin-Pons, notes Moulinet. — Généalog. de la fam. Barruel.

« noble Audigier de la Roche, damoiseau, seigneur en partie du château de la Rochechéry » fait encore, le 4 juillet 1319, au baron d'Aps, pour tout ce qu'il tient, ou que d'autres tiennent de lui, aux château, terroir et mandement de Saint-Pons. Ces deux derniers actes furent reçus par le notaire Pierre Chapus.

Après un intervalle de plus de trente ans, nous trouvons deux actes dont l'un, reçu le 7 août 1351 et par Raymond Jullien notaire, est assez explicite sur l'état féodal de Saint-Pons à cette époque. C'est une confirmation, par « haut et puissant seigneur noble Giraud Adhémar, baron des baronnies de Grignan et d'Aps, parier et majeur seigneur du château de Saint-Pons-sous-Coyron, et les autres seigneurs pariers », d'une « ancienne coutume dudit Saint-Pons, par laquelle les fils de famille qui ont leur . . . . sont aux seigneurs dudit château. » Le second acte, reçu le même jour mais par Imbert *de Eygustro* not⁶ de Viviers, est un traité intervenu entre le même Giraud Adhémar, « parier et haut seigneur du château de Saint-Pons », et « le prieur dudit Saint-Pons, à raison d'hommages prêtés audit prieuré par des particuliers. »

Les actes qui suivent immédiatement, nous font surtout connaître quelques personnages de Saint-Pons. Ainsi noble Armand d'Avisents, damoiseau de Saint-Pons, qu'un acte du 17 janvier 1352, cité plus haut, nous a déjà montré faisant hommage lige au baron d'Aps, reparaît dans un acte du 4 septembre 1354. Ce dernier acte nous apprend que Pierre de Blaysac, qui avait fait à noble Armand d'Avisens, son oncle, une donation de biens, la confirma ledit jour (1). Des actes du 2 novembre 1357 et du 6 avril 1361, faits au château de Grignan, eurent pour témoin cet Armand d'Avisens. D'autres, de 1358, faits à Aps, eurent pour témoin Pierre Chapus, chanoine de Saint-Pons *(dominus Petrus Chapucii, canonicus Sancti Poncii).* Saint-Pons n'était pas le chef-lieu d'une congrégation de chanoines, ni même le siège d'un Chapitre. Ce chanoine Chapus pouvait être un membre de congrégation de chanoines ayant un prieuré à Saint-Pons. Peut-être avait-il la gestion de ce prieuré. En tout cas, nous savons par un

(1) « Corroboratio donationis facte per Petrum de Blaysaco Armando de Avisens. »

acte du 11 octobre 1362 que Pierre Chapus était alors chanoine de Saint-Ruf, car il figure avec cette qualification parmi les témoins de cet acte, fait au château de Grignan ; et, d'autre part, ses droits à Saint-Pons sont indiqués par « l'hommage et reconnaissance en fief » que messire Giraud Adhémar, baron d'Aps », reçut le 20 février 1364, par acte écrit et signé de la main de Guillaume Grosson not°, « de Gautier (*sic ! lire* Pierre) Chapus, chanoine de Saint-Pons, » pour ce que celui-ci tenait « audit Saint-Pons et son mandement. »

Ce Pierre Chapus était différent de *discret homme* Pierre Chapus, de Saint-Pons *(discretus vir Petrus Chapucii, de Sancto Poncio subtus Coyrono)*, lequel donna, le 15 avril 1359, à la veuve de Guillaume d'Asteys, d'Aps, l'investiture de deux fonds tenus pour lui à Aps, et avait en 1370 une fille nommée Sibilie et mariée à noble Hugues Gandolet. Ces deux époux habitaient Saint-Pons, lors de la reconnaissance du 3 avril 1371, que nous avons relatée plus haut ; et Sibilie se remaria avant 1379 à Pierre Salvatier, comme nous l'avons déjà vu.

Toutefois, l'*Inventaire d'Aps* nous apprend que Giraud Adhémar fit reconnaître ses emphitéotes de Saint-Pons, devant Pierre de Mercoyrol not°, en 1355 ; et nous voyons les revenus de ce baron à Saint-Pons parmi ceux qu'il céda en 1360 à Bertrand de Tour-

« In Xpisti nomine, amen. Noverint.... quod anno dominice Incarnationis mill· ccc quinquagesimo quarto, et die quarta mensis septembris, constitutus in presentia mei notarii infrascripti et testium subscriptorum ad hec vocatorum specialiter et rogatorum, Petrus de Blaysaco, Vivarien. dyoc., asserens suo juramento se majorem quindecim annis, renuncians que beneficio minoris etatis et restitutionis in integrum : cum dictus Petrus de Blaysaco olim donaverit, cesserit, remiserit et desamparaverit penitus et imperpetuum quamplurima bona sua nobili Armando de Avisens, de Sancto Poncio, dicte dyoces., avunculo suo, ut de dicta donatione, remissione, cessione et desamparatione inter cetera constat quodam publico instrumento facto, scripto et signato manu et signo magistri Petri Sobrati de Privatio, auctoritate regia et domini comitis Valen. notarii publici, sub anno Domini m° ccc liij° et die xij° mensis marcii... ; hinc est quod dictus Petrus de Blaysaco,... ad majorem firmitatem et cautelam, perse et suos heredes et imperpetuum successores, eidem nobili Armando et michi notario ut persone publice stipulanti et recipienti nomine et vice dicti nobilis Armandi, avunculi dicti Petri et suorum, dictam donationem, cessionem, remissionem et desamparationem, omniaque alia in dicto instrumento dicte donationis et remissionis contenta voluit, laudavit, emologavit.... et confirmavit. Renuncians... omni exceptioni doli mali, metus... Actum Graynhani, in hospicio nobilis Bertrandi de Blacozio, testib. presentib. dicto nobili Bertrando, Raymundo Pasquali, johanne Aulanherii. » (Minut. cit. reg. coté *Magnam*, f. ljiij v°.)

nemire pour payement de la dot de Cécile Adhémar, et parmi ceux qu'il céda en 1370 à Bertrand de Taulignan pour payement de la dot de Garsende Adhémar. Ensuite Saint-Pons figure expressément parmi les fiefs qui, après avoir relevé du seigneur de Montélimar, devaient, d'après le traité du 13 mai 1390, relever simplement du seigneur de Grignan ; il figure parmi les fiefs dont les revenus furent affermés le 12 août 1393, par Guyot Adhémar, à frère Jean Sabatier ; son château figure parmi ceux que dame Cécile Adhémar céda en 1400 à dame Miracle, femme de Guyot Adhémar.

Mais revenons aux Chapus, qui avaient une partie de la seigneurie de Saint-Pons.

Le 3 septembre 1399, noble Jaquemard Chapus, de Saint-Pons, chargeait des procureurs de lui faire obtenir de Jean Reboul, et de Mondone, femme de ce dernier, un gorgerin de maille moyenne bosse, estimé 3 écus d'or (1).

Le 25 janvier 1407 (v. s.), le seigneur Giraud Adhémar affranchissait Michel la Porte « du payement d'une geline que led. seigneur percevait sur chaque feu des hommes de Jaques Chapus, conseigneur de Saint-Pons. » L'acte fut reçu par « Juillan not^e. »

---

(1) « Pro Jaquemardo Chapussii de Sancto Poncio procur(atio).

« Anno quo supra (1399), et die tercia mensis septembris, nobilis Jaquemardus Chapussii de Sancto Poncio sub Coyrono, Vivar. dyoc., citra tamen revocationem aliorum procurator. suor., gratis et ex sua certa scien., fecit et constituit suos certos, veros et indubitatos procuratores speciales et generales c(et.) videlicet Johannem Buxi alia Lito et Amancium Pagani.. licet abcentes. et quemlibet insoludum, et specialiter in causa quam habet et habiturus est cum Johanne Rebolli et Mondona S. uxore sua et cujuslibet eorum seu alterius ipsorum, et ad exigend., petend., recuperandu(m) et habend. ab eisdem conjugibus et quolibet eorum seu altero. eorumdem quandam gorgeriam malhe medie bosse, apreciate per nobiles Rolandum Adem(arii) bastardum Grayhani, ac spirium Tornamire, ad tres escutos auri boni et fini, et de exactis et recuperatis quitiand. et pact. de non petendo faciend um) c(et.) dictam gorgeriam vel tres escutos auri ad quos c(st) et fuit apreciatum, ipsosque conjuges et quemlibet eorum citand., conveniend., et convenir. et citari faciend. in quacunque curia et coram quocunque judice ecclesiast. et seculari et alias et in forma, cum promissionibus judicio sisti et c(et.) ac relevationibus et. ac renunciat. et cautelis c(et.) De quibus omnibus peciit dictus constituens c(et.).

« Act. Graynhani in carreria ante hospit. habitation. mei not., t(estib.) p(resentib.) nobilibus Bertrandus de Tornamira *(blanc à l'original)* spirio de Tornamira, et me P(etro) B(arasti) c(et.). »

(Minut. cit., reg. coté *Maria*, f. 24 v°.)

Voilà tout ce que nous savons sur les droits de cette famille à Saint-Pons. Quant à la parerie et à la haute seigneurie des Adhémar, elles étaient en 1504 aux mains de Bertrand Adhémar, d'après un dénombrement fourni au sénéchal de Nîmes. Louis Adhémar affermait en 1554 ses revenus de la seigneurie de Saint-Pons ; en 1557, il disposait de cette seigneurie comme nous l'avons dit en parlant de la baronnie ; et Anne de Saint-Chamond, sa veuve, en étant usufruitière, affermait à son tour les mêmes revenus le 28 décembre 1559. Enfin, le 10 février 1586, haut et puissant seigneur Louis de Castellane-Adhémar, traitant avec dame Claudie de Fay, dame de Saint-Romain et de la Liègue, cédait à celle-ci la baronnie d'Aps, et les terres d'Aubignas, Saint-Pons, etc. D'autre part, cette même dame en faisait transport à Françoise de Lévis, comtesse de Suze (1).

SCEAUTRES

Ce fief (formant aujourd'hui une paroisse du canton de Rochemaure) était situé dans un quartier montagneux, au nord des fiefs d'Aubignas et de Saint-Pons.

Peut-être fut-il anciennement une dépendance des barons d'Aps, mais dès 1297 il n'en dépendait pas. Il ne figure nullement parmi les fiefs donnés cette annnée-là par Blonde de Deux-Chiens à son fils Giraud.

En tout cas, Sceautres a donné son nom à une famille qui l'a probablement possédé et dont nous connaissons plusieurs membres.

Le premier connu de nous est Bertrand de Sceautres, marié à Poncie de Rac et vivant au commencement du XIIIe siècle.

Le second est leur fils, nommé aussi Bertrand. Il figure dans un acte du 31 mars 1245, par lequel il donne à Ponce de Deux-Chiens la huitième partie du château de la Roche d'Aps.

Quant à l'histoire féodale de Sceautres, elle nous est très peu connue. Le premier de nos actes la concernant est celui par lequel Ponce de Deux-Chiens, seigneur d'Aps, donna, le 18 décembre 1247, à Giraud Adhémar seigneur de Montélimar, « les châteaux

---

(1) Minut., cit., et archives Morin-Pons, *passim*.

de Sentres (Sçeautres) et d'Aubignas, avec leurs mandemens. »
Cet acte fut reçu par Pierre du Puy, notaire de Viviers.

Vient ensuite, à la date du 27 octobre 1305, l'acte par lequel
« Imbert de Cabannes passe vente de quelques censes dans le
mandement de Sentres (Sceautres), qu'il tient en fief de vénérable seigneur » Hugues « Adhémar, seigneur de » Sceautres, « acte
reçu par Jean Tesset not°. »

Ce Hugues Adhémar était fils de Giraud Adhémar, seigneur de
Montélimar, Rochemaure, le Teil, etc., lequel, le 25 mai 1315,
lui léguait les château et terre de Sceautres *(Sentro)*, au diocèse
de Viviers.

Puis, par acte du 15 décembre 1328, reçu Giraud de Châteauneuf not°, « haut et puissant seigneur » Hugues « Adhémar, seigneur du château de Sentres (Sceautres), au diocèse de Viviers,
reçoit la reconnaissance en fief de Marcon Chapus not°, pour
quelques rentes au mandement de » Sceautres (1).

Et avec cela finissent les renseignements fournis par nos documents particuliers sur ce fief, apparemment peu important.

VERFEUIL

Cette localité, qui forme aujourd'hui une paroisse du canton de
Lussan (Gard), formait au XIII° siècle un fief appartenant à
Blonde de Deux-Chiens. Il est mentionné et compris dans la
donation que cette dame fit, le 13 juin 1297, à Giraud Adhémar
son fils émancipé (2).

Le vendredi après la Saint-Martin (14 novembre) de l'an *1298*,
Jean de Barre archidiacre de l'église d'Uzès, et Frédol de *Suojulis*,
précenteur de la même église, députés apostoliques pour recueillir les cens dus et légués à l'église Romaine et les legs indistincts
et faits pour le secours de la Terre-Sainte, passent quittance à
Giraud Adhémar seigneur de Grignan et de Verfeuil. L'acte dit
positivement que ce dernier lieu était du diocèse d'Uzès. La quit-

---

(1) Arch. Morin-Pons, *passim*. — U. Chevalier et A. Lacroix, *Invent*. de ces
archiv., dossier *Adhémar*, n°⁸ 26 et 350.

(2) Arch. Morin-Pons, notes Moulinet.

tance était passée pour neuf échéances du cens d'une obole d'or annuellement due à l'église Romaine pour et à raison du château dud. Verfeuil, soit en tout 63 sous tournois. L'acte fut fait à Uzès (1).

Mais ce sont là les seuls documents que nous ayons sur ce fief, qui, advenu à Blonde nous ne savons à quel titre, ne paraît pas avoir dépendu longtemps ni d'une manière bien précise de la baronnie d'Aps.

---

(1) Arch. cit., dossier *Adhémar*, orig. parch., avec deux sceaux en cire sur queues uniques de parchemin.

(Fin).

INDEX DES MATIÈRES

	Page
Aps féodal	3
Aps	4
Ajoux	28
Aubignas	34
Mercoiras	43
Palhières et le Serret	44
Roche-d'Aps	44
Saint-Andéol-de-Berg	52
Saint-Maurice-d'Ibie	57
Saint-Nazaire-de-Coiron	61
Saint-Pons	64
Sceautres	68
Verfeuil	69

PRIVAS, IMPRIMERIE CENTRALE

www.ingramcontent.com/pod-product-compliance
Lightning Source LLC
LaVergne TN
LVHW051505090426
835512LV00010B/2361